Das Märchen der harmlosen Fragen in der Rhetorik 2100

Von Hinterlist, Suggestion, Taktik

Horst Hanisch

Bibliografische Information der Deutschen Nationalbibliothek: Die Deutsche Nationalbibliothek verzeichnet diese Publikation in der Deutschen Nationalbibliografie; detaillierte bibliografische Daten sind im Internet über dnb.dnb.de abrufbar.

Die Ratschläge in diesem Buch sind sorgfältig erwogen, dennoch kann eine Garantie nicht übernommen werden. Eine Haftung des Autors und seiner Beauftragten für Personen-, Sach- und Vermögensschäden ist ausgeschlossen.

Aus Gründen der einfacheren Lesbarkeit wird auf das geschlechtsneutrale Differenzieren, zum Beispiel Mitarbeiter/Mitarbeiterin weitestgehend verzichtet. Entsprechende Begriffe gelten im Sinne der Gleichbehandlung für alle Geschlechter.

Idee und Entwurf: Horst Hanisch, Bonn

Lektorat: Annelie Möskes, Bornheim

Buchsatz: Guido Lokietek, Aachen; Horst Hanisch, Bonn

Umschlag: Christian Spatz, engine-productions, Köln; Horst Hanisch, Bonn

Fotos/Zeichnungen: Horst Hanisch, Bonn

Verlag: BoD • Books on Demand GmbH, In de Tarpen 42, 22848 Norderstedt

Druck: Libri Plureos GmbH, Friedensallee 273, 22763 Hamburg

ISBN: 978-3-7583-8751-7

Das Märchen
der harmlosen Fragen
in der Rhetorik [2100]

Von Hinterlist, Suggestion, Taktik

Inhaltsverzeichnis

Inhaltsverzeichnis

Hinleitung zum Ratgeber

„Erzähl mir keine Märchen!"

„Das wunderbarste Märchen ist das Leben selbst."
Hans Christian Andersen, dän. Märchendichter
(1805 - 1875)

Das Gute besiegt das Böse

An Silvester 1910 wurde meine Omi, Frieda Maria, geboren. Ungefähr ab Mitte der sechziger Jahre habe ich Erinnerungen an sie und ihre Werke. Sie malte wunderschöne Gemälde, fertigte unzählige Zeichnungen an und schrieb viele Märchen, die sie auch selbst bebilderte.

Sie brachte die meisten Märchen etwa ab 1930 bis 1947 zu Papier. Meiner Omi gelang es trotz intensiver Bemühungen nicht, einen geeigneten Verlag zur Veröffentlichung ihrer gesammelten Märchen zu überzeugen.

Deshalb wechselte Omi die Strategie. Sie war der Überzeugung, dass ich, ihr Enkel, in späteren Jahren durch die Veröffentlichung dieser Märchen ein gutes Einkommen erzielen könnte.

Nun, davon gehe und ging ich allerdings nicht im mindesten aus.

Im Jahr 2015 veröffentlichte ich im Gedenken an meine Omi das Buch ‚Omi hüpf' mal', in dem aus ihrem Leben – und von ihren Märchen – berichtet wird.

In den Märchen sind schriftstellerische Höhepunkte kaum zu erwarten. Nach Angaben meiner Omi dienten die Märchen hauptsächlich dazu, ihren beiden eigenen Kindern, Alfred (meinem Vater) und Edith, vorgelesen zu werden. Also: Eine Mutter schrieb für ihre Kinder.

Auf dem Cover des vorliegenden Ratgebers ist ein Ausschnitt aus der Bebilderung des Märchens ‚Silberlinchen' zu sehen.

Märchen – eine erfundene Erzählung

Ein Märchen gilt als eine fantasievolle, erfundene Erzählung. Märchen leitet sich von ‚Mär‘ (mittelhochdeutsch ‚maere‘ für ‚Kunde‘, ‚Nachricht‘) ab.

Manche Märchen sollen über 4.000 Jahre alt sein, so wie beispielsweise ‚Rumpelstilzchen‘.

Die meisten Märchen sind monarchisch geprägt und zeichnen sich durch eine Moral aus. Das Gute gewinnt über das Böse. Das Geschilderte ‚geschah‘ irgendwann und irgendwo. Die unschuldige Prinzessin, der forsche Prinz, das Königspaar – fast immer ist jemand aus dem Hochadel eingebunden.

Die unschuldige Prinzessin und der mutige Prinz

Wie prägend der adelige Einfluss in die Sprache genommen hat, zeigt sich in Formulierungen wie: Weinkönigin, Bienenkönigin, Schützenkönig, Lottokönig, Königsdisziplin, Karnevalsprinz – und immerhin – der Traumprinz. Allerdings findet sich der König auch im Wort Ausbrecherkönig.

Der mächtige König und seine schnell handelnde ‚Dame‘ haben in vielen Kartenspielen einen hohen Wert. Sie sind entscheidend beim strategischen Vorgehen einer Schlacht auf dem Schachbrett.

Fällt die Dame, ist das eine Tragödie. Fällt der König, ist er ‚schachmatt‘. Das Wort stammt aus der persischen Sprache ‚schah mat‘ und bedeutet ‚der König (der Schah) ist geschlagen‘.

Das Spiel ist aus. Das Heer hat verloren. Der König hat seine Macht eingebüßt.

Hoffentlich kann sein Sohn, der Prinz, bei nächster Gelegenheit wieder triumphieren.

Die Bezeichnung ‚Prinz‘ lässt sich nachvollziehen aus dem Lateinischen ‚primus‘ für ‚der Erste‘ und ‚princeps‘ für ‚Ranghöchster‘. Er ist in der Hierarchie derjenige, der den König beerben wird.

Viele Mädchen wünschen sich zu Karneval ein Prinzessinnen-Kostüm. Statt Prinzin wird Prinzessin (nach dem Französischen ‚princess‘) verwendet.

In der Vergangenheit galt die französische Sprache als die der gebildeten Schicht.

Prinzessin ist auch der Kosename für die Tochter oder geliebte Ehefrau. Aus dem Prinzesschen allerdings lugt eine verhätschelte junge Frau hervor, die mit ihrem eigenwilligen Kopf ‚ihre Dinge‘ durchsetzen will (was ihr in der Regel auch gelingt).

Keine Märchen auftischen

Im realen Leben geht es um konkrete Situationen im Hier und Jetzt. Nicht zwangsläufig muss das Gute gewinnen, sondern die rhetorisch überzeugende Argumentation oder die in der Gesellschaft verankerten Vorurteile.

Lesern und Leserinnen ist bewusst, dass Märchen genau als solche zu betrachten sind. Sie haben mit der Wahrheit nichts zu tun. Natürlich soll hierbei nicht der Aspekt der Moral unterschätzt werden.

Aus dem Erzählten kann beispielsweise gefolgert werden, dass ‚böses‘ Verhalten nicht zum Erfolg führt. Also soll sich ‚brav‘ und ‚fair‘ verhalten werden.

Ein gewisser Lerneffekt ist beabsichtigt. Aber: Führt das ‚saubere‘ Verhalten zwangsläufig zum Erfolg?

In der Realität dominieren rationale Überlegungen und Vorgehensweisen – und materielles Streben. Wird immer respektvoll, wertschätzend und fair miteinander umgegangen? Werden im gesellschaftlichen und geschäftlichen Umgang nicht auch manchmal ‚Märchen‘ aufgetischt?

Sollen fantasievolle und kreative Geschichten dazu beitragen, das Zusammenleben zu vereinfachen und/oder berufliche Vereinbarungen leichter zu treffen?

Wird jemandem ein Märchen erzählt – manche sagen sogar ‚aufgetischt‘ – darf davon ausgegangen werden, dass das Aufgetischte nicht eins zu eins der Wahrheit entspricht. Es wird geschummelt, getäuscht, ja leider muss gesagt werden, auch gelogen.

Nicht umsonst wehrt ein anderer ab: „Erzähl mir keine Märchen!“

Liebe Leserinnen, liebe Leser, der gut gemeinte Appell an Sie lautet: „Lassen Sie sich keine Märchen aufbinden – und schon gar nicht im Berufsleben!

Entlarven Sie diese und kontern Sie unter Beibehaltung guter Umgangsformen. Kehren Sie zur ‚sauberen' Realität zurück."

Der Ratgeber soll Ihnen hierzu einige wertvolle Hinweise geben.

Guten Erfolg wünscht Ihnen

Horst Hanisch

Prolog

Das Leben in Frage stellen

Neugierige Fragen stillen

Genau genommen scheint das Leben dem Anschein nach nur aus Fragen zu bestehen.

- o „Wie viel kostet das?"
- o „Welcher Wochentag ist heute?"
- o „Was möchtest du lieber tun, … oder …?"

Ständig muss nachgefragt werden, um Informationen zu sammeln oder Entscheidungen zu treffen. Ein paar Jahre später tauchen schwierigere Fragen auf.

- o „Wie heißt die Zahl Pi?"
- o „Wie hoch ist die monatliche Tilgungsrate beim Hausbau?"
- o „Wie baue ich meine Rentensicherheit auf?"

Und wieder einige Zeit später wird der Mensch – wie aus dem Nichts – zur eigenen Existenz befragt.

- o „Wer bin ich?"
- o „Was ist das Ziel meines Lebens?"
- o „Wie werde ich glücklich?"

Sind die erstgenannten Fragen in der Regel zu beantworten, stellt eine erklärbare Antwort auf die später gestellten Fragen unter Umständen eine richtige Herausforderung dar.

Unbedarftes Leben

Weshalb gibt es so, zumindest dem Gefühl nach, unendlich viele Fragen, die sich täglich stellen? Kann das Leben nicht ‚einfach so' laufen? Anscheinend nicht.

Wie schön scheint das unbedarfte Leben des Kleinkindes zu sein, das alles aus seiner Umwelt unkommentiert auf sich eintrommeln lässt.

Spätestens beim Ausreifen des Selbst-Bewusstseins stellt das Kind Fragen. Bestimmt auch, ohne sich des ‚Großen und Ganzen' bewusst zu werden. Wie sollte es auch?

Viele Eltern kennen die Warum-Phase des Kindes, die einen Erwachsenen zur Verzweiflung treiben kann.

- o „Warum hat die Giraffe einen so langen Hals?"
- o „Warum muss sie die Blätter oben am Baum fressen?"
- o „Warum ernährt sie sich von Blättern?"

Die menschliche Neugierde

Die menschliche Neugierde veranlasst Kinder, Jugendliche und Erwachsene, ständig alles zu (hinter-)fragen. Gibt es keine nachvollziehbaren Antworten, entstehen Vermutungen, Gerüchte, Fehlentscheidungen, Lügen, Auseinandersetzungen, Streitigkeiten, Kriege und auch Ängste.

Offensichtlich muss es Antworten zu den vielfältigen Fragen dieser Welt geben. Allein schon, um ‚richtig' von ‚falsch' unterscheiden zu können.

Die ‚Verzwicktheiten' im Leben müssen geklärt werden. Fragen und passende Antworten bereinigen auch Unzufriedenheit und zeigen neue, hoffnungsvolle Wege auf. Der Sinn des Lebens wird sonst infrage gestellt.

Manchmal dienen Fragen auch der bewussten Irreführung. Wie im Märchen versuchen Menschen ihrem sozialen Umfeld manches aufzubinden.

- o „Hast du schon gehört? Die (Regierung) will uns schon wieder neue Lasten aufdrücken."

Oft stellt sich vieles als Gerücht oder Gerede heraus. Deshalb genau nachfragen und für gesichertes Wissen sorgen. Die erwachende Raffinesse der Künstlichen Intelligenz erfordert noch genaueres Aufpassen, um nicht auf ‚Fake' hereinzufallen.

Manche harmlos erscheinende Frage hat es ‚dick hinter den Ohren‘. Ist sie hinterlistig? Sie kann regelrechte Krisen auslösen, sollte die gegebene Antwort nicht zufriedenstellend sein.

- o „Wieso kommst du so spät nach Hause?", fragt die aufgebrachte Ehefrau ihren Ehemann, der zwei Stunden später als üblich nach Hause kommt.

Hoffentlich hat er eine gute Erklärung.

Geschicktes Fragen bringt manchen Betrug ans Licht. Repräsentative Umfragen offenbaren Verhaltensmuster der Gesellschaft. Suggestives Befragen lenkt den Unbedarften.

Suggestiv-Fragen haben eine unglaublich manipulierende Kraft, sofern sie richtig eingesetzt werden.

Dumme Fragen oder als Fragen getarnte Behauptungen bergen Gefahr, da sie Fallen aufstellen können, in die der Unbedarfte tappt.

Behalten Sie den Überblick über die vielfältigen Fragen im Märchenwald der angeblich harmlosen Kommunikation.

Bleiben Sie, liebe Leserin, lieber Leser, neugierig und wissbegierig, fragen und hinterfragen Sie, ohne andere in peinliche Situation zu bringen und finden Sie eine befriedigende Antwort auf jede mögliche wichtige Frage.

Szenario – Es war einmal ...

Harmlos oder hinterlistig?

Es war einmal ...

„Aufgabe der Erziehung wäre es, den metaphysischen Hunger der Menschheit durch Mitteilung von Tatsachen mit weisem Maß zu stillen, statt ihn durch Märchen, was ja die Dogmen sind, zu betrügen."

Arthur Schnitzler, österr. Erzähler
(1862 - 1931)

... ein einfühlsames Gespräch

Der Chef, Herr Boss, befindet sich im oberen Stockwerk seines Unternehmensgebäudes in einem geräumig und nobel ausgestatteten Büro. Er genießt aus den Fenstern fast einen Rundumblick auf die Nachbarschaft.

Er hat Herrn Lieb, einen seiner Mitarbeiter, zum Gespräch gebeten.

Es klopft an der Tür. Die Sekretärin lässt Alex Lieb das Büro betreten.

Boss: „Ach, hallo, guten Tag Alex Lieb. Nehmen Sie bitte Platz." Alex Lieb nimmt gegenüber am Schreibtisch Platz.

Lieb: „Vielen Dank."

Boss: „Ich finde es schön, dass Sie sich die Zeit nehmen, zu mir zu kommen. Sie haben doch sicherlich viel in der Produktion zu tun, oder?"

Lieb: „Ja, habe schon eine Menge zu tun."

Boss: „Alex Lieb, wie lange arbeiten Sie denn schon bei uns?"

Lieb: „Fast 20 Jahre."

Boss: „20 Jahre? Das ist aber eine lange Zeit."

Lieb: „Na ja."

Boss: „Dann gefällt es Ihnen sicherlich bei uns?"

Lieb: „Ja, doch."

Boss: „Sicherlich wollen Sie die nächsten 20 Jahre auch noch bei uns arbeiten, oder?"

Lieb: „Na klar."

Boss: „Sehr schön. Alex Lieb, Sie haben wahrscheinlich schon von den Problemen des Mitbewerbers X gehört?"

Lieb: „Jaa, also nicht so genau."

Boss: „Nun, unbestätigten Gerüchten zufolge geht es dem nicht mehr so gut."

Lieb: „Ui."

Boss: „Ja, Sie wissen ja, die Asiaten ..."

Lieb: „Ja, ja."

Boss: „Und die Pandemie ..."

Lieb: „Ja, das war echt blöd."

Boss: „Alex Lieb, finden Sie es gut, wenn Mitarbeiter der Firma X nach 20 Jahren Beschäftigung entlassen werden müssen?"

Lieb: „Nein – natürlich nicht."

Boss: „Finde ich schlimm. Sie auch?"

Lieb: „Ja, natürlich ist das schlimm."

Boss: „So soll es in unserem Unternehmen doch nicht geschehen, oder?"

Lieb: „Nein, um Himmels Willen."

Boss: „Also sind Sie mit mir der Meinung, dass wir unbedingt vermeiden müssen, dass unsere Mitarbeiter auf der Straße landen?"

Lieb: „Ja, da bin ich absolut Ihrer Meinung."

Boss: „Alex Lieb, ich weiß ja, dass Sie und Ihre Kollegen schon sehr viel arbeiten. Aber meinen Sie, dass es – eine gewisse Zeit lang – denkbar wäre, dass Sie ein klitzeklein wenig noch mehr Arbeitsleistung aufbringen könnten?"

Lieb: „Nun ... ja, bestimmt."

Boss: „Das finde ich sehr loyal von Ihnen, Alex Lieb. Danke."

Lieb: „Ist schon gut."

Boss: „Lassen Sie uns Nägel mit Köpfen machen. Sagen wir, dass wir – vorübergehend – sagen wir mal – zwanzig Prozent mehr Arbeitsleistung aufbringen können?"

Lieb: „Ist schon eine Menge. Aber wenn es dem Unternehmen hilft."

Boss: „Ich habe nichts anderes von Ihnen erwartet. Also halten wir fest: Zwanzig Prozent mehr Arbeitsleistung, sagen wir einfach, ab dem nächsten Ersten. Einverstanden?"

Lieb: „Ja, ist gut."

Die beiden reichen sich die Hand. Alex Lieb bedankt sich für das Gespräch, geht zur Tür und verlässt das Büro.

Der Chef schaut aus einem der Fenster nach draußen in die Ferne. Ein herablassend wirkendes Lächeln, oder besser ein hinterhältiges Grinsen, zeigt sich auf seinem Gesicht.

• 19 •

Realität – Gefährliche Fragen

Fragearten und Fragetechniken

Die passende Frage zur richtigen Zeit

„Habt ihr keine andere Tochter?"

Aus ‚Aschenputtel'

Dt. Märchensammler Brüder Grimm

(Jacob Ludwig Karl, 1785 - 1863 und Wilhelm Carl, 1786 - 1859)

Bitten, fragen, nötigen

Kann eine Frage überhaupt gefährlich oder harmlos sein? Kann sie sich als hinterlistig oder verboten herausstellen? Kann sie raffiniert oder dumm sein? Ja, sie kann. Und sie kann noch mehr Varianten annehmen.

Die Frage selbst kann nichts dafür. Sie ist, wie sie ist. Aber der Fragende kann sie so formulieren, dass sie regelrecht zur Waffe in seiner Hand – oder in seinem Mund – wird.

Fragen stehen zum Beispiel für ausfragen, anfragen, abfragen, befragen, verhören, vernehmen, inspirieren, jemanden grillen, jemandem ein Loch in den Bauch fragen, nachhaken, löchern, bohren und anderes mehr.

Die meisten Wörter klingen angsteinflößend. ‚Jemanden grillen' klingt schon mehr als harmlos. ‚Jemandem ein Loch in den Bauch fragen' scheint auch nicht ‚so ohne' zu sein.

Die Briten und die Franzosen fassen ‚bitten' und ‚fragen' unter einen Begriff. ‚to ask' für ‚erfragen', ‚bitten'; ‚demander' – ‚fragen', ‚bitten'. Daneben findet sich für ‚Frage' ‚question' und ‚la question'.

Allerdings offenbart sich auch der belastete Begriff der Inquisition im englischen ‚fragenden' Wortschatz.

‚To inquire' für ‚anfragen', ‚erfragen'. ‚Inquiry' für ‚Anfrage'.

Aus der lateinischen Sprache kommt das Wort ‚inquisitio', das für eine ‚gerichtliche Untersuchung', ‚Erforschung' eingesetzt wird.

Der zu ‚bestaunende' Profi für diesen Bereich war seinerzeit der beauftragte Inquisitor.

Papst Innozenz III. (1161 – 1216) setzte alles daran, Missstände in der Kirche aufspüren und beseitigen zu lassen, wobei die (vermeintlichen) Täter bestraft werden mussten. Dieser Vorgang ging als sogenanntes Inquisitionsverfahren in die Geschichte ein.

Die Inquisition breitete sich vor allem in Süd- und Mitteleuropa aus. Sie dauerte bis Ende des 18. Jahrhunderts an und kostete geschätzten 10 Millionen Menschen das Leben.

Häresie und Blasphemie

Ziel der Inquisition war die Bekämpfung der Häresie (altgr. ‚hairesis‘ für ‚Wahl‘), die Wahl anderer Glaubensgrundsätze als die der römisch-katholischen Kirche.

Häretikern – dazu gehörten beispielsweise christliche Glaubensgemeinschaften wie Katharer, Protestanten, Täufer, Beginen und Begarden, Apostelbrüder – wurde der Strafbestand der Blasphemie (altgr. ‚blasphemia‘ für ‚Rufschädigung‘), auch Magie und anderer Vergehen vorgeworfen.

Ein Inquisitionsgericht spürte die Häretiker auf, die dann ‚befragt‘ werden mussten/sollten. Sie wurden ausgefragt, ob sie sich kirchenfeindlich verhalten hatten. Es wurde allerdings so lange gefragt, bis im Sinne des Inquisitors zugestimmt wurde. Damit die Zustimmung erfolgte, schreckte der vorsitzende Inquisitor des zuständigen Gerichts und seine Helfer nicht vor grausamer Folter zurück, um den Verurteilten zu bekehren oder zu verurteilen.

Heute würden die meisten Menschen bestätigen, dass Antworten aus ‚freien Stücken‘ gegeben werden und nicht unter Folter erzwungen sein sollen.

Manche Gegebenheit scheint so felsenfest, dass sie ‚ohne Frage‘ gilt. Sie ist ‚zweifelsohne‘, ‚unstrittig‘ beziehungsweise ‚unstreitig‘.

Solch eine Situation scheint offensichtlich ohne Zweifel und unantastbar zu sein.

> o „Alle Menschen sind vor dem Gesetz gleich.“ Grundgesetz für die Bundesrepublik Deutschland, Artikel 3.

Diese Aussage ‚steht außer Frage‘. Sie kann, darf und soll gar nicht hinterfragt werden.

Eine Frage des Geldes

Mancher behauptet:

> o „Das kommt überhaupt nicht infrage (in Frage).“

Er schließt etwas kategorisch aus.

Andere behaupten, alles sei nur ‚eine Frage des Geldes‘.

Kommt das kategorisch Ausgeschlossene ab einem bestimmten materiellen Gegenwert doch ‚in Frage‘?

Die Frage ist nicht käuflich, sondern der Mensch scheint es zu sein. Oder nicht?

Im Märchen spielt Geld/Gold oft eine entscheidende Rolle. Beispielsweise:

> o Goldesel in ‚Tischlein deck dich‘
>
> o Stroh zu Gold spinnen in ‚Rumpelstilzchen‘
>
> o Goldene Schuhe in ‚Aschenputtel‘
>
> o Goldregen im Torbogen bei ‚Frau Holle‘
>
> o Sterne fallen als Silbertaler in ‚Sterntaler‘, na immerhin, Silber ist auch in Ordnung

Sollte es im Leben anders sein? Oder steht das ehrenvolle Menschliche über dem glänzenden Materiellen?

> o „Fragen kostet nichts“, so heißt es.

Anwälte, Notare, Hellseher, Ärzte und andere mehr sehen das anders. Wertvolles Wissen wird in der Regel nicht verschenkt. Es wird verkauft.

> o „Fragen kostet nichts“ stimmt demnach nur eingeschränkt.

Umso besser, wenn Situationen gegeben sind, in denen Fragen ohne materielle Gegenleistung gestellt werden – und sogar Antworten gegeben werden können.

> o „Wer wird Millionär?“

Manche Fragen bringen sogar einen materiellen Gewinn. In fast allen Quiz-Runden werden Fragen gestellt. Die richtigen Antworten bringen unter Umständen Gewinne. Na also!

Mancher (ver-)tröstet einen anderen, alles sei nur „eine Frage der Zeit". Stellt in dieser Konstellation die Zeit eine Frage? Nein, es muss ‚nur' Zeit vergehen, bis die gewünschte Lösung/Antwort greifbar wird.

Drängen hilft nicht, ungeduldig sein bringt die Lösung keinen Millimeter näher. Also entspannen, tief durchatmen, und dann wird ‚es' auch klappen.

Der römische Dichter Quintus Horatius Flaccus (65 – 8 v. Chr.) schlug vor: „Frage nicht, was morgen ist." Im ähnlichen Sinn plädierte er für ‚Carpe diem'. Damit meinte er, dass Hier und Jetzt zu genießen.

Lieber heute leben, als sich Gedanken über die Zukunft machen. Ja, es stimmt schon, dass sich mancher Mensch ständig mit Fragen, seine Zukunft betreffend, belastet.

- o „Langt mir das Angesparte im Rentenalter?"

- o „Bleibe ich bis ins hohe Alter gesund?"

- o „Werde ich in Würde sterben?"

Nicht alle diese Fragen lassen sich eindeutig beantworten. Weshalb darüber verzweifeln? Sich lieber auf die Gegenwart konzentrieren und diese genießen.

Zuletzt noch eine häufig zitierte Frage:

- o „Sein oder Nichtsein, das ist hier die Frage."

Diese Überlegung stammt aus ‚Hamlet' (To be, or not to be, that is the question) vom englischen Dichter William Shakespeare, (1564 – 1616).

Genau dann, wenn ein Mensch vor einer wichtigen Entscheidung steht, könnte die Frage nach Sein oder Nichtsein gestellt werden.

Trotzdem muss der Fragende diese Frage selbst beantworten, damit ihm die innere Zerrissenheit nicht zerstört.

Der ‚in die Tage' gekommene Esel merkte, dass sein Herr ihn nicht mehr gebrauchen konnte. Sollte er bleiben oder einen anderen Weg gehen? Er entschied sich für die zweite Variante.

Unterwegs traf er eine ebenso betagte Katze am Wegrand.

o „Nun, was ist dir in die Quere gekommen, alter Bartputzer?"

o „Meine Frau hat mich ersäufen wollen."

Der Esel überredete die Katze mitzukommen. Sie trafen weiterhin auf einen alten Hund und einen Hahn, die kurz davorstanden, ‚ausgemustert' zu werden. Zusammen überlegten sie, eine ‚Band' zu gründen, die ‚Bremer Stadtmusikanten'.

Auf dem Weg zum Ziel trafen sie auf eine Räuberbande, die sie erfolgreich und dauerhaft in die Flucht schlugen. Es zeigte sich, dass die vier ‚Alten' als Team wunderbar zusammenarbeiten konnten, indem jeder seine Stärken einbrachte. Ein schönes Märchen im Sinn der gelungenen Team-Arbeit.

Aber auch ein Beispiel dafür, die ‚Sinn-Frage' in positiver Richtung zur beantworten. Besser ‚Sein' als ‚Nichtsein'.

Fragen zur Informationsbeschaffung oder zur Manipulation

Viele Fragen dienen der Befriedigung der Neugierde beziehungsweise der Beschaffung von Informationen. Manchmal sollen Fragen den Befragten manipulieren und in eine bestimmte Richtung zwängen. Diese Gruppe wird taktische Fragen genannt.

So können Fragen in zwei Gruppen geordnet werden: Informationsfragen und taktische Fragen.

Informationsfrage

Die Informationsfrage dient der Information-Gestaltung und/oder der Bedarfsklärung. Zu dieser Gruppe gehören:

1. Geschlossene Frage
2. Offene Frage
3. Halboffene Frage (Cluster-Frage) oder Multiple Choice Frage

Wie die Informationsfrage in ihrer eigenen Bezeichnung bereits vermittelt, wird sie gezielt dazu eingesetzt, um eine kurze Ja-Nein-Antwort zu erhalten (bei den geschlossenen Fragen).

Oder um eine Unklarheit zu klären, um Wissen aufzubauen oder eine Informationssammlung zu ermöglichen.

Taktische Frage

Die taktische Frage dient der Gesprächs-Lenkung und/oder der Beeinflussung/Gestaltung der Gesprächs-Atmosphäre.

Die Gruppe der taktischen Fragen ist ungleich umfangreicher. Sie dient zum Beispiel dazu, um jemanden in eine bestimmte gewünschte Situation zu bringen, demnach das Gespräch im Sinne des Fragenden zu lenken. Sie wird in vielfältiger Art zur Manipulation eingesetzt.

Auch wenn die Verwendung unfair erscheint, wird sie allenthalben eingesetzt. Die taktischen Fragen sind sehr variantenreich.

Selbstverständlich hat jede Frageart, egal wie lästig oder manipulativ sie sein kann, ihre Existenz-Berechtigung; sonst gäbe es sie ja gar nicht.

Der geschickt Fragende setzt ganz gezielt die Frageart ein, die der Situation am besten entspricht oder die am ehesten zum Ziel führt.

Informationsfragen

Die drei Gruppen der Informationsfragen.

1. Geschlossene Frage

Die geschlossene Frage soll einfach zu beantworten sein. Sie heißt deshalb geschlossene, weil sie ausführliche Formulierungen in der Antwort unterbinden will. Im Idealfall lässt sich die Frage leicht mit ‚ja' oder ‚nein' beantworten.

So wird sie beispielsweise im Vorstellungsgespräch ganz zu Beginn gestellt. Sie soll es dem Befragten ermöglichen, trotz möglicher Stresssituation, leicht und ohne großartig nachdenken zu müssen, antworten zu können.

Der Interviewer (der zum Bewerbungsgespräch eingeladen hat) fragt:

  o „Haben Sie gut hierher gefunden?"

Der Befragte (in diesem Fall der Bewerber) hat hierher gefunden, sonst könnte das Gespräch nicht stattfinden. In den meisten Fällen ist es demnach leicht möglich, mit einem ‚Ja' zu antworten. Solch eine leicht zu beantwortende Frage bringt Ruhe und baut Nervosität ab.

Würde die erste Frage mit einer offenen Frage beginnen, käme der Bewerber, der ja möglicherweise unter erhöhtem Stress steht, schnell ins Schleudern.

> o „Weshalb haben Sie sich bei uns beworben?"

Auf diese Frage ließe sich nicht mehr einfach mit ‚ja' oder ‚nein' antworten. Der Befragte müsste genau überlegen, was und wie er antworten könnte. Diese Frage ist zu einem späteren Zeitpunkt passender angebracht.

Die geschlossene Frage beginnt mit einem Verb.

> o „Gefällt Ihnen meine Idee?"

Vernünftig kann hier nur mit ‚ja' oder ‚nein' geantwortet werden.

Zielfrage

Die letzte Frage in einem Gespräch ist in der Regel die Zielfrage. In sehr vielen Fällen sollte es sich hier auch um eine geschlossene Frage handeln.

> o „Also unterschreiben Sie jetzt den Auftrag?"

Im vorangegangenen Gesprächsaustausch sollten alle Fragen und Unstimmigkeiten geklärt worden sein. So kann/soll es nun zu einer Entscheidung kommen.

Da der Gesprächsverlauf darauf abzielt, dass mit einer Zustimmung abgeschlossen wird, soll die Frage im Sinne des Fragenden mit ‚ja' beantwortet werden. Durch den Einsatz der geschlossenen Frage können/sollen Entscheidungen getroffen werden. Vereinbartes kann bestätigt oder gegengecheckt werden.

Smalltalk

Auch im Smalltalk wird zu Beginn gerne eine geschlossene Frage gestellt.

- o „Darf ich mich zu Ihnen gesellen?" Oder:
- o „Ist dieser Platz noch frei?"

Generell gilt: Ist ein Gesprächspartner (noch) gehemmt, helfen ihm geschlossene Fragen leichter in den Dialog einzusteigen.

Wie oft wird die Frage „Wie geht's" gestellt?

- o „Wie geht's?"
- o „Gut, danke und dir?"
- o „Auch gut."

In der Tat ein tiefgreifender Dialog. Was aber, würde nicht mit ‚gut' geantwortet werden?

- o „Wie geht's?"
- o „Schlecht."

Wie soll der Fragende reagieren? Er kann sich nicht einfach umdrehen und weggehen. Die Antwort ‚schlecht' schreit regelrecht nach einer Nachfrage.

- o „O, was ist geschehen?"

Nun kann der Befragte sein Leid schildern. Nur, ist der Fragende (wirklich) an negativen Berichten des Befragten interessiert?

In einigen Kulturen, beispielsweise in den USA, ist es verpönt, auf die oben gestellte Frage ‚schlecht' zu antworten. Gegebenenfalls würde der Fragende die Antwort ‚geflissentlich' überhören.

Der floskelhafte Austausch dieser harmlos wirkenden Frage hat noch einen weiteren Hintergrund. Statt ohne Worte aneinander vorbeizugehen, wird durch den kurzen Wortwechsel hörbar, dass der andere ‚erkannt' wurde.

Im weitesten Sinn festigt solch eine kleine Aktion das gesellschaftliche Zusammensein. Werden ungeschickterweise mehrere geschlossene Fragen unmittelbar hintereinandergestellt, kann der Eindruck eines militärischen Verhörs entstehen.

Die geschlossene Frage lässt dem Befragten keinen großen Spielraum und riskiert, den Gesprächspartner in seinen Ausführungen einzuschränken.

Bei Umfragen mündlicher oder schriftlicher Art sind die Antworten später leichter auswertbar. Der Zeitaufwand bei vielen eingesetzten geschlossenen Fragen ist geringer als bei offen gestellten.

2. Offene Frage

Im Gegensatz zur geschlossenen Fragestellung, die nur die Ja-Nein-Option bietet, öffnet die offene Frage gewünscht die Möglichkeit, ausholend und weit erklärend auf die gestellte Frage einzugehen. Der Antwortende darf/muss sich deutlicher erklären.

Die offene Frage beginnt mit einem Fragewort: „Wo …?", „Was …?" Passende Fragewörter sind klassischerweise die, die mit einem ‚W‘ beginnen: wer, wann, woher, wie, wodurch, weswegen, wieso …

- o „Was haben Sie im Urlaub erlebt?"

- o „Wie sind Sie auf das Reiseziel aufmerksam geworden?"

Das Fragewort ‚warum‘ wird von Profis vermieden. In vielen Fällen erzeugt das ‚warum‘ ein unangenehmes Gefühl beim Befragten. Möglicherweise hat das mit Erlebnissen in der Kindheit zu tun.

- o „Warum hast du dein Zimmer noch nicht aufgeräumt?"

- o „Warum hast du die Hausaufgaben nicht ordentlich gemacht?"

- o „Warum hast du dir nicht die Zähne geputzt?"

Das Aggressionslevel steigt. Da das unangenehme Gefühl beim Befragten lediglich durch das Fragewort ‚warum‘ ausgelöst werden kann, ist es überlegenswert, dieses durch ein anderes Wort zu ersetzen. Passend ist zum Beispiel ‚weshalb‘.

- o „Weshalb wirkt die Folie so kopflastig?"

Somit wird keine Aversion oder Aggression aufgebaut. Die Frage kann vernünftig beantwortet werden.

Hintergrundinformationen besorgen

Durch die offene Frage kann der Fragende gute Hintergrundinformationen erhalten. Gleichzeitig wird der Befragte genötigt, sich ausführlicher zu äußern.

Offene Fragen lassen es zu, den Dialogpartner aktiv ins Gespräch einzubeziehen. Gleichzeitig ist erhofft, möglichst viele Informationen vom Gegenüber zu erhalten.

Mancher trainierte Rhetorik-Profi nutzt als Befragter die Chance, statt einer kurzen Antwort nun in langatmige Monologe überzugehen. Er dominiert damit die Gesprächssituation und bringt die Ausgewogenheit des Dialogs aus dem Gleichgewicht.

Andererseits hat der Gesprächspartner genügend Freiraum, seine eigenen Ausführungen darzulegen. Die offene Frage schafft die Möglichkeit, eine positive Gesprächsatmosphäre aufzubauen, was gleichzeitig dem Auf-/Ausbau von Vertrauen dienlich ist.

3. Halboffene Frage (Cluster-Frage) oder Multiple Choice Frage

Die offene Frage und die geschlossene Frage bieten sozusagen die beiden Pole einer Alternative. Bildhaft gesprochen findet sich dazwischen noch die halboffene Frage.

Beispielsweise findet sich solch eine Frage in einem Fragenkatalog. Dort können Felder zum Ankreuzen vorgegeben sein.

„Wie oft benutzen Sie die Rechtschreibprüfung in Ihrem Textprogramm?"

Immer	Sehr oft	Manchmal	Nie

Der Antwortende muss sein Kreuzchen nun nur in eines der vier Felder setzen. Die vorgegebenen Antwortmöglichkeiten erleichtern ihm die Antwort. Zeit wird gespart.

Die angekreuzten Antworten sind später leichter auswertbar und in einer statistischen Darstellung wiederzugeben.

Der Antwortende kann/soll allerdings nur eine der vier Optionen wählen.

Anders sieht es bei der Multiple Choice Frage aus. Bei diesem Fragetyp können mehrere Antwortfelder angekreuzt werden.

o „Wo verbringen Sie gerne Ihren Urlaub?"

Am Wasser	In den Bergen	In Städten	In Abenteuer-Parks

Der Befragte kann/darf mehr als ein Kreuzchen setzen. Ihm wird die Arbeit erleichtert, da eine Auswahl von anderen bereits vorgegeben ist.

Allerdings: Wird in einer halboffenen Frage eine Antwortmöglichkeit weggelassen, kann die erhaltene Antwort das ‚echte' Ergebnis verschieben.

‚Am Wasser' meint häufig an einem Fluss, an einem See oder am Meer. Ein Tauchurlaub und Badeurlaub können dazu gezählt werden. Gehören Kreuzfahrten ebenso in diese Kategorie?

‚In den Bergen' könnte Wandern im Sommer oder Skifahren im Winter bedeuten.

‚In Städten' lässt vermuten, einen klassischen Städte Kurzurlaub vor sich zu sehen, in dem die Sehenswürdigkeiten, Museen und anderes besucht werden. Gehört der Besuch von historischen Städten/Ruinen/Ausgrabungsstätten in diese Kategorien?

Was, wenn jemand zu Hause seinen Urlaub verbringt? Sofern er mindestens ein Kreuz setzen muss, verändert er das seriöse Ergebnis, da er nun ein anderes Feld ankreuzen muss.

Gut ausgearbeitete Fragebögen geben deshalb häufig ein Feld ‚Sonstiges' zur Auswahl, um solche Fälle abzudecken.

Fragetechniken – Trickreich erfragen

Bei der Vielfalt möglicher Fragen werden nun einige Techniken beleuchtet, wann welche Fragen am besten im Gespräch einzusetzen sind.

Da nicht jede Frage an jeder Stelle passend wirkt, kann zwischen vier Fragetechniken ausgesucht werden:

1. Die offene Fragetechnik
2. Die reflektierende Fragetechnik
3. Die richtungsweisende Fragetechnik
4. Die evozierende (hervorrufende) Fragetechnik

1. Die offene Fragetechnik

Wie weiter oben beschrieben erfasst die offene Fragetechnik Informationen bei Problemen. Sie erweitert den Horizont und erfasst Zusammenhänge, womit Probleme gelöst werden können. Nicht zuletzt bietet sie dem Befragten die Möglichkeit, sich ausführlich zu äußern.

- „Was war denn der Hintergrund, dass der Kunde plötzlich …?"

- „Was sind die Auslöser, dass Kunden dem Mitarbeiter gegenüber ungehalten werden?"

2. Die reflektierende Fragetechnik

Die reflektierende Fragetechnik spiegelt die Meinung, das Gefühl des Befragten wider. Diese Fragetechnik zeigt, dass der Fragende aktiv zuhört. Dieses Verhalten drückt aus, dass Interesse, Wertschätzung und Verständnis ausgetauscht werden.

- „Hatten Sie auch schon mal einen ‚schwierigen' Zuhörer bei einem Vortrag?"

- „Wie konnten Sie den Druck aus dieser Situation nehmen?"

Somit baut die reflektierende Frage eine gute Beziehung zwischen den Gesprächspartnern auf. Sie schafft eine emotionale Beziehung, ohne den eigenen Standpunkt aufgeben zu müssen.

3. Die richtungweisende Fragetechnik

Die richtungsweisende Fragetechnik gehört zur Gruppe der geschlossenen Frage. Sie fordert die Bestätigung von Übereinstimmung oder eine Entscheidung auf. Sie zeigt Gemeinsamkeiten.

Durch die gegebene Antwort kann ein Gesprächsbereich ‚gesichert' sein oder ‚abgehakt' werden.

- o „Sind Sie einverstanden, das Thema ‚Pro' zuerst zu besprechen?"
- o „Ist es in Ordnung, zuerst eine Zusammenfassung vom letzten Treffen zu ziehen?"

4. Die evozierende (hervorrufende) Fragetechnik

Diese Fragetechnik stellt eine offene Frageart dar, denn sie zielt auf bislang nicht angesprochene aber vermutete Übereinstimmung.

Sie klärt Unausgesprochenes oder lädt zum gemeinsamen Lösen von Herausforderungen ein.

- o „Haben Sie eine Idee, wie wir in Zukunft mit Querulanten umgehen?"
- o „Was könnten wir tun, damit beim nächsten Treffen …?"

Präzise fragen

Im Sinn des vernünftigen Austauschs (wenn, soweit möglich, nicht oder nur wenig manipuliert werden soll) verhält sich der Fragende wie folgt.

Er fragt präzise, indem er möglichst genaue Fragen stellt. Dabei hält er während der Fragestellung Blickkontakt zum Befragten.

Er gibt dem Befragten genügend Zeit, die Frage auf sich wirken zu lassen, bevor er die Antwort formuliert.

Der Fragende kann die gegebene Antwort mit der nächsten Frage verknüpfen. Damit ergibt sich eine Art ‚Roter Faden' im Gespräch.

Präzises Fragen ist in Ordnung, aber es darf nicht der Eindruck einer Inquisition (siehe vorn) entstehen.

Ein faires Gespräch besteht nicht aus Ausfragen, sondern einem gleichwertigen Austausch mit dem Dialogpartner.

Beim richtigen Einsatz der gezielt ausgewählten Fragen kann der Fragende das Gespräch dorthin lenken, wohin nach seiner Überlegung der Gesprächsverlauf führen soll.

Je sauberer, präziser gefragt wird, desto eher ermöglicht das dem Befragten, eine aussagekräftige Antwort zu geben.

Hier passt die Aussage:

> o „Wer fragt, der führt."

„Ich frage mich, ..."

> o „Ich frage mich, ob der eingeschlagene Weg der richtige ist", sinniert Adam.

Eine Formulierung, die bei Gesprächspartnern in der Regel Erklärungen und Überlegungen hervorrufen. Tatsächlich – und wörtlich genommen –, fragt Adam <u>sich</u> selbst. Demnach müsste er auch eine Antwort beisteuern.

Es scheint: Wer sich fragt, führt sich selbst.

Pseudo-Fragen

Sein und Schein

1. Die rhetorische Frage (Scheinfrage)

Die Scheinfrage zeigt einen ganz raffinierten rhetorischen Trick, denn die rhetorische Frage bedarf keiner Antwort. Es muss/kann keine vernünftige Antwort gegeben werden.

- „Wohin soll das noch führen, in Europa?"
- „Womit habe ich das verdient?"

Die rhetorische Frage erwartet gar keine Reaktion vom Befragten. Höchstens ein Verhalten im Sinne der Zustimmung oder des Bedauerns.

- „Wohin soll das noch führen, in Europa?"
- „Tja, das weiß ich auch nicht."
- „Womit habe ich das verdient?"
- „Du hast aber auch immer Pech!"

Eine weitere Art der rhetorischen Frage ist die, die der Fragende selbst beantwortet.

Theoretisch ist zwar vom Angesprochenen eine Antwort denkbar – aber der Fragende kommt ihm zuvor.

- „Wie wollen wir nun diese Herausforderung lösen? Ich schlage vor, dass …"

Die Antwort wird vom Fragenden selbst gegeben. Im verbalen Austausch regt die rhetorische Frage zum Nachdenken an.

Der Zuhörer wird aufmerksam und fühlt sich einbezogen, ohne antworten zu müssen.

- o „Guten Tag, meine Damen und Herren. Heute rede ich über das Thema ‚Kieselsteine im Bonn-Kölner Rheinufer-Gebiet'. Weshalb habe ich mir das Thema Kieselsteine ausgesucht? Nun, Kieselsteine deshalb, weil ...“

Durch die – dem Schein nach einbezogenen Zuhörenden – macht die Frage aufmerksam.

Praktischer Einsatz einer rhetorischen Frage

Schon ist er mittendrin, der Redner. Wie ist er vorgegangen?

Vorgehen:	Teilnehmer wurden begrüßt.
	Titel wurde genannt.
	Rhetorische Frage wurde gestellt.
	Mit dem Thema wurde begonnen.

Auf die rhetorische Fragestellung mag sich der Zuhörer Folgendes überlegen:

- o „Tja, weshalb redet der nun über Kieselsteine? Das hätte ich aber auch gerne mal gewusst!“

Damit hat der Redner genau das erreicht, was er als Ziel hatte: Der Zuhörer ist neugierig, gespannt, wie es weitergeht und passt gut auf.

Der Redner erzielt demnach neben Neugierde und Spannung auch die Aufmerksamkeit, die er wünscht.

Ein Vorteil der rhetorischen Frage ist weiterhin, dass der Redner keine tatsächliche Antwort vom Zuhörer erwartet. Denn er gibt ja die Antwort selbst.

Mit der rhetorischen Frage wird eine Schein-Interaktion mit dem Gegenüber erreicht.

Natürlich kann eine rhetorische Frage an allen möglichen Stellen in einem Gespräch eingebaut werden.

Besonders zu Beginn ist diese Fragestellung wie geschaffen, um auf das Gesprächsthema hinzuleiten.

Die akademische Frage

Auf die akademische Frage bedarf es keiner (seriösen) Antwort.

Sie ist eine theoretische Frage, die für die Praxis ohne jegliche Bedeutung ist und auch nicht beantwortet werden muss.

- o „Wie mag sich der erste aufrecht gehende Mensch die Zukunft vorgestellt haben?"
- o „Was mag sich Cäsar gedacht haben, als Brutus auf ihn einstach?"

Eine korrekte Antwort kann nicht gegeben, bestenfalls kann eine Annahme geäußert werden.

Selbst dann, wäre es hochinteressant zu wissen, was Caesar im erwähnten Moment dachte, wird es die Welt nie erfahren können.

Tarnfrage

Die Tarnfrage tarnt sich nicht selbst, sondern sie tarnt eine Aufforderung, Kritik oder Unterstützung.

Der Präsident des befreundeten Gastlandes steht hinter einem Redepult neben dem Gastgeber (dessen Land gerade in kriegerische Handlungen verwickelt ist).

Die Journalisten erwarten die Bekanntgabe der vereinbarten Ergebnisse.

Der Präsident will keine (direkte) Kritik üben, weshalb er eine Tarnfrage stellt:

- o „Vielleicht lässt sich der Konflikt auf eine andere Weise lösen?

Er erwartet keine Antwort vom befreundeten Gastgeber. Diplomatisch betrachtet wäre es unhöflich, eine Aufforderung zu formulieren. Das wäre der Fall, würde die bisherige Frage ohne Fragezeichen ausgesprochen.

> o „Vielleicht lässt sich der Konflikt auf eine andere Weise lösen!"

Die Moderation in einer Talkrunde soll neutral sein. Eine moralische Unterstützung der Meinung eines Gastes würde die der anderen Gäste abwerten.

Also vermeidet die Moderation Behauptungen wie:

> o „Ihre Partei hat doch erst vorgestern gefordert …"

Sie formuliert die Behauptung in eine Frage um:

> o „Hat Ihre Partei nicht vorgestern gefordert …?"

Die Moderation kann durch die Fragestellung das Thema lenken, bleibt aber weiterhin neutral.

Oft hängen Medien an ihre Schlagzeile ein Fragezeichen an. Es wird Neugierde erzeugt.

> o „Impfschutz gegen Krebs gefunden!"

> o „Impfschutz gegen Krebs gefunden?"

Mit einem Ausrufezeichen am Ende: Es <u>ist</u> so. Der Lesende muss nicht weiterlesen. Er weiß nun, dass ein Serum gefunden wurde.

Mit einem Fragezeichen am Ende: Es <u>kann</u> so <u>sein</u>. Die Antwort ist noch nicht gegeben, die Neugierde ist geweckt. Deshalb reizt es den Leser, den folgenden Artikel zu lesen.

Selbstbefragung – Der innere Monolog

Unter dem Begriff Selbstbefragung ist das virtuelle Zwiegespräch, der Dialog mit sich selbst, gemeint.

Tatsächlich reden viele Menschen mit sich selbst, zumindest gedanklich. Anna stellt sich vor, sie spaziert von A nach B. Allerlei Gedanken und Gefühle springen durch ihren Kopf.

> o „Wie ging der gestern gesehene Film aus?"

> o „Was wohl mein Kind im Kindergarten gerade tut?"

> o „Wie werde ich mich verhalten, werde ich mich den Veränderungen an meinem Arbeitsplatz anpassen können?"

Mehr oder weniger unaufgefordert wird die Fragende versuchen, Antworten im Stillen auf die selbst gestellten Fragen zu geben. Die drei genannten Beispiele beziehen sich auf Vergangenes, auf die Gegenwart und auf das, was zukünftig geschehen könnte.

Der innere Monolog, den Anna mit sich führt, wird zu einem ‚virtuellen‘ Zwiegespräch. Anna stellt sich Fragen, die sie selbst beantwortet. Führt eine Antwort nicht zum Ziel, kann eine andere, eventuell eine detailliertere Frage, sehr wohl beantwortet werden und somit eine unendlich große Auswahl eines inneren Dialogs bieten.

„Ich entscheide!" – Appell an sich selbst

Oft wird auch über anstehende Entscheidungen gegrübelt. Am Ende der Abwägung (der eigenen Frage- und Antwort-Runde) steht idealerweise eine Entscheidung.

Je nach Situation dauert es eine Weile, bis eine Entscheidung getroffen wird.

- o „Soll ja alles gut überlegt und durchdacht sein."

- o „Nach reiflicher Überlegung bin ich zu folgender Entscheidung gekommen."

- o „Nach genauerem Abwägen der Vor- und Nachteile habe ich mich entschieden, …"

Sobald eine Entscheidung gefallen ist, wird diese manchmal durch eine – auch hörbare – Aussage besiegelt:

- o „Ja, so mache ich es!"

Anna bestätigt die getroffene Entscheidung, die sie vorher mit sich selbst – innerlich – abwog.

Sich selbst Anweisungen geben

Manchmal bedarf es eines Schubs, um aktiv zu werden.

- o „Anna, nun stehe auf und gehe die Aufgabe endlich an. Du willst das doch endlich erledigt haben?"

Hin und wieder braucht es wohl eines deutlichen Appells von innen, um außen aktiv zu werden.

Kritische Selbstbetrachtung

Die Technik der Selbstbefragung muss auch vor dem eigenen Ich nicht haltmachen. Hin und wieder lässt sich beispielsweise fragen:

- „Bin ich mit mir zufrieden?"

Wenn ja, ist alles gut. Wenn nein, dann ist es überlegenswert, den Ist-Zustand mit dem gewünschten Soll-Zustand abzugleichen und entsprechende Schritte vorzunehmen.

Schließlich soll die sich selbst gestellte Frage idealerweise mit ‚Ja' beantwortet werden können.

Glücklich werden

Das tapfere Schneiderlein wunderte sich über die vielen Fliegen, die – angelockt vom Geruch des süßen Muses - sich scharenweise darauf niederließen.

- „Ei, wer hat euch eingeladen?"

Da sich die Fliegen nicht verscheuchen ließen, schlug er erbarmungslos drauf. Sieben Fliegen zahlten das mit ihrem Leben.

- „Bist du so ein Kerl?" fragte sich – seine eigene Tapferkeit bewundernd – das Schneiderlein.

So selbstbewusst und stolz auf sich selbst zog er nun in die weite Welt, wo er viele Aufgaben bewältigte und zum Schluss sehr glücklich wurde.

Die Münze antwortet

Lena kann sich einfach nicht entscheiden. Soll sie etwas machen oder nicht? Wie kommt Lena aus diesem Dilemma? Ganz einfach: Sie nimmt eine Münze in ihre rechte Hand. Sie wirft sie nach oben und fängt sie mit der rechten Hand wieder auf.

Ungesehen dreht sie die aufgefangene Münze nun kopfüber auf den Rücken der linken Hand. Sie nimmt die rechte Hand hoch und sie sieht, wie die Münze gefallen ist. Zeigt die Zahl nach oben, heißt das „Ja". Im umgekehrten Fall „Nein".

Dieselbe Vorgehensweise gilt, wenn Lena zwischen zwei Alternativen wählen will.

Alternative A gilt für Zahl, Alternative B für die Rückseite der Münze (oder umgekehrt; Lena muss es vorher nur festlegen).

Das Schicksal entscheidet für Lena. Lena selbst kann demnach in ihrer Entscheidung nichts falsch machen. Wie praktisch.

Dilemma

Ein Dilemma (gr. ‚dilemma' für ‚Fangschuss') stellt für die Person einen immensen Druck zwischen zwei Wahlmöglichkeiten dar, von denen (oft) keine gewünscht ist.

Bei der Entwicklung selbstfahrender Fahrzeuge kam folgende Überlegung auf: Soll der autonom gesteuerte PKW nicht mehr bremsen, wenn das kleine Kind dem Ball hinterher auf die Straße rennt. Er würde das Kind überfahren.

Die Alternative: Auf den Bürgersteig ausweichen, dort aber eine ältere, spazierengehende Dame überfahren.

In beiden Fällen würde der Unfall für den Überfahrenen tödlich enden. Wie soll das Fahrzeug programmiert werden, sofern unterstellt wird, dass es nicht rechtzeitig bremsen oder ausweichen kann?

Die Nicht-gestellte-Frage

> o „Würdest du jetzt bitte das Fenster schließen? Es ist mir zu kalt im Raum."

Die Frage mit der dazugehörenden Erklärung äußert die Ehefrau. Der Ehemann steht auf und schließt das Fenster. Die Frau hatte die Frage für den Ehemann unmissverständlich verbal geäußert.

Etwas raffinierter wird der Wunsch der Frau vermittelt, wenn sie gar keine Bitte an den Ehemann (verbal) äußert. Trotzdem handelt der Mann nach ihrer Vorstellung. Sie sagt:

> o „Mir ist kalt."

Das ist weder eine Frage noch ein offensichtlicher Appell. Es handelt sich – genau genommen – um eine reine Information. Was macht der Ehemann? Er steht auf und schließt das Fenster.

Obwohl keine Frage gestellt wurde, wurde die Information als Bitte, Aufforderung oder Appell wahrgenommen.

Stumme Fragen

Die Körpersprache fragt

*„Vergessen Sie auch nicht das Märchen von der Sonne und dem Wind,
welche wetten, wer zuerst dem Wanderer den Mantel abzwingen wird.“*

**Otto Eduard Leopold von Bismarck-Schönhausen, dt. Reichskanzler
(1815 - 1898)**

Nonverbale Fragen und Antworten

Wie so oft soll es ein Ziel als Gesprächsteilnehmender sein, die Bedürfnisse des Gegenübers zu erkennen.

Spricht er an den Bedürfnissen vorbei, hat er das Ziel verfehlt.

Deshalb beobachtet er ständig die Reaktionen des Dialogpartners auch in der Hinsicht:

- „Hat mich mein Gegenüber überhaupt verstanden?“

- „Wo habe ich mich unklar ausgedrückt?“

Bekannte nonverbale Signale als Frage oder Antwort sind zum Beispiel:

- „Weiß ich nicht, fragen Sie mich nicht. Woher soll ich das wissen?“

Die Schultern werden hochgezogen und möglicherweise wird gleichzeitig zur Seite geschaut.

- „Ist das wohl wirklich so? Ist das wirklich wahr?“

Die Augenbrauen werden hochgezogen. Es erfolgt ein gleichzeitiges Runzeln der Stirn.

- „Ob das wirklich so stimmt?“

Den Kopf hin- und herwiegen.

- „Würden Sie mir das bitte noch einmal erklären?“

Die Stirn wird gerunzelt, die Augenlider zusammengepresst. Der Kopf wird eventuell etwas zur Seite gelegt.

- „Ist der/die nicht ein bisschen verrückt?“

Die Augen werden zur Seite gedreht in Richtung einer dritten Person und anschließend erfolgt ein ‚Verdrehen‘ der Augen.

o „Das kann ich gar nicht glauben! Ist das wirklich wahr?“

Die Augen werden weit aufgerissen.

Verstehen sich zwei Personen gut, können sie über den Blickkontakt miteinander kommunizieren. So lässt sich nonverbal auffordern:

o „Hast du das/den da drüben gesehen?“

Das fast kaum wahrnehmbare Bewegen der Augen von rechts nach links könnte heißen:

o „Besser nichts tun, oder?

Das Hochziehen der Augenlider, wenn eine andere Person spricht, kann bedeuten:

o „Ist der nicht blöd?“

Da die Körpersprache im Dialog einen sehr hohen – und dabei oft unterschätzten – Anteil übernimmt, lässt sich nonverbal viel ausdrücken. Ein präziser Beobachter kann entsprechend viele – unausgesprochene – Informationen erhalten.

In einem Dialog zieht plötzlich jemand schnell seine Hand vor den Mund. Der Daumen ist leicht abgespreizt. Die Person hält sich sozusagen den Mund zu. Sie verbietet sich selbst weiterzusprechen. Es sieht so aus, als wäre sie über ihre eigene Aussage erschrocken.

o „Oh, das hätte ich nicht sagen sollen. Oder?

Im Meeting ist zu beobachten, wie ein Teilnehmer sich seine Hand quer vor den Mund führt. Die Fingerspitzen verlaufen parallel zu den Lippen, der Daumen zeigt nach oben.

Die Person ist etwas zurückhaltend, vielleicht etwas gehemmt.

Es sieht so aus, als könne sie etwas zur Diskussion beitragen, würde sich aber nicht so recht trauen etwas zu sagen.

Die Hand vor dem Mund bedeutet, dass sie nicht will, dass etwas Gesprochenes versehentlich aus ihr ‚rausrutscht'.

> o „Bitte sei so nett, sprich mich im Moment nicht an, ja?"

Eine Teilnehmerin tippt sich mit dem Zeigefinger einer Hand mehrmals auf ihre Unterlippe. Sie zeigt auf ihren Mund und bringt zum Ausdruck:

> o „Gibst du mir bitte die Möglichkeit etwas sagen zu können?" Oder:

> o „Kann ich mal mit dir unter vier Augen sprechen?"

Wird der Finger über beide Lippen gelegt könnte es heißen:

> o „Würdest du bitte leise sein?" Oder:

> o „Ich denke nach. Würdest du mich bitte im Moment nicht stören?"

In diesem Fall würden die Augen sehr wahrscheinlich gleichzeitig zur Seite nach rechts oder links oben wandern.

In der Harmonie und dem Zusammenspiel gesprochener und körpersprachlicher Signale ergibt sich eine aussagekräftige Kommunikation.

Bei bestimmten Gesten könnte der Dialogpartner die Person ansprechen:

> o „Habe ich etwas unklar ausgedrückt?"

> o „Sind Sie nicht einverstanden mit meiner Ansicht?"

Die stumme Frage könnte nun mit Wörtern verbalisiert und besprochen werden.

Taktische Fragen

Den Gesprächspartner lenken

> *„Tiefere Bedeutung liegt in den Märchen meiner Kinderjahre*
> *als in der Wahrheit, die das Leben lehrt."*
>
> **Johann Christoph Friedrich von Schiller, dt. Dichter**
> **(1759 - 1805)**

Ich will manipulieren

Wer manipulieren will, arbeitet oft mit taktischen Fragen.

- o „Halt", mag jemand einwerfen – „Ich will ja gar nicht manipulieren!"

Das freut den Zuhörer und es hört sich positiv an.

Weiter unten im Text wird auf die oft mitgeschwungene negative Konnotation (Nebenbedeutung) des Wortes Manipulation eingegangen.

Aber ist Manipulation wirklich so schlimm? Will der Fragende denn nicht mithilfe passender Fragen nachvollziehbare, hilfreiche Antworten erhalten? Antworten, die helfen, eigene Überlegungen und Ziele weiterzuverfolgen?

Sehr wahrscheinlich ja. Deshalb sind die folgenden Fragen recht hilfreich, dem eigenen Ziel näherzukommen.

Selbst wenn jemand diese Fragen nicht einsetzen will, könnte er erkennen, weshalb der Gesprächspartner genau solch eine Frage stellt. Damit ist er vorbereitet und gewappnet.

Gegenfrage

Die Gegenfrage hat eher einen schlechten Leumund.

- o „Keine Frage mit einer Gegenfrage beantworten", so heißt es im Sprachgebrauch.

Damit ist im Gespräch in der Regel nicht weiterzukommen. Das ist richtig.

- o „Hast du mir was zu sagen?"

> o „Und du?"

Deshalb ist hier mit Gegenfrage auch eine andere gemeint. Nämlich: Die Gegenfrage beschafft Hintergrundinformation oder korrigiert eine Aussage.

Der Gesprächspartner ist etwas verunsichert und stellt eine Frage, auf die dann mit der Gegenfrage reagiert wird.

> o „Ist das System nicht zu kompliziert?"

> o „Kompliziert im Vergleich wozu?"

Durch die Gegenfrage wird gezeigt, dass sich der Befragte interessiert, weil er detailliertere Informationen erfragt. Gleichzeitig vertieft er das Thema und kann dadurch gegebenenfalls von anderen Themen ablenken.

Alternativ-Frage

> o „Es gibt immer eine Wahl",

behauptet auch hier der Sprachgebrauch immer wieder.

Gerade, wenn jemand in etwas hoffnungsloser oder gar depressiver Stimmung ist, sollte er sich diese Aussage vor Augen führen. Verallgemeinernd kann behauptet werden:

> o „Es gibt immer eine Alternative!"

Die Alternative bietet eine andere, gleichbedeutende oder gleichwertige Lösung an. Es wird dabei immer von zwei (!) Möglichkeiten ausgegangen. Es gibt demnach nicht drei Alternativen, sondern immer nur zwei.

Die Alternativ-Frage (lat. ‚alternus' für ‚abwechselnd') ist eine spezielle Suggestiv-Frage. Sie bietet zwei Möglichkeiten an – <u>nur</u> zwei!

> o „Bevorzugen Sie A oder B?"

Die Möglichkeiten A und B werden vorgegeben; dadurch ist als vernünftige Antwort kein ‚Nein' möglich.

Übrigens: Die zweite Alternative (B) wird vom Fragenden bevorzugt. Sie bleibt länger im Gehirn des Befragten und wird daher häufiger gewählt.

o „Mögen Sie einen Kaffee oder lieber eine Tasse Cappuccino?"

Da der Cappuccino ein paar Cent mehr kostet, wird die Bedienung am Ende ihrer Schicht einige Euro mehr umgesetzt haben.

Suggestiv-Frage

Die Suggestiv-Frage ist <u>die</u> manipulierende Frage überhaupt. Sie bietet eine ganz hervorragende Möglichkeit, in Gesprächen erheblich manipulieren zu können.

Die erwartete Antwort ist hierbei bereits vorgegeben.

Der Befragte soll im Sinn des Fragenden antworten. Mit einer suggestiven Frage ist der Befragte relativ leicht zu beeinflussen.

o „Sie arbeiten doch gerne mit uns zusammen, oder?"

Was soll er nun antworten, der Arme?

Gern benutzte Wörter in der Suggestiv-Frage sind: sicherlich, wohl auch, gewiss, nicht wahr.

o „Sie sind doch auch der Meinung, dass für Pflegebedürftige mehr getan werden muss?"

Die meisten Menschen vertreten sehr wahrscheinlich sowieso die Meinung, Pflegebedürftigen mehr Aufmerksamkeit zukommen zu lassen.

In der Suggestiv-Frage ist das Wort ‚auch' entscheidend.

o „Sie sind doch <u>auch</u> der Meinung, dass ...?"

Dieses ‚auch' suggeriert, dass es bereits (viele) andere gibt, die der Meinung zustimmen oder zustimmten.

Der Befragte empfindet eine vermeintliche Sicherheit bei der Zustimmung auf die Frage. Er scheint ja nicht allein mit seiner Meinung zu sein. Bekanntlich vermittelt eine Gruppe Schutz.

Würde der Befragte mit ‚Nein' antworten, müsste er befürchten, außerhalb der Gruppe und gleichzeitig außerhalb deren Schutz zu stehen. Will er allein gegen alle sein? Nein. Also lieber der Frage zustimmen.

Der Chef fragt den Mitarbeiter:

> o „Sind Sie sicher auch der Meinung, dass wir sparen müssen?"

Losgelöst von irgendeinem nicht bekannten Kontext, kann der Mitarbeiter nicht wissen, weshalb gespart werden sollte. In der Frage lauern die Wörter ‚sicher auch'.

Sie vermitteln, dass andere (Kollegen und Kolleginnen) bereits dieselbe Meinung vertraten. Also gedanklich lieber zustimmen.

> o „Abgesehen davon schadet es bestimmt nicht, zu sparen", beruhigt sich der Mitarbeiter, seine Entscheidungen – sich selbst gegenüber – begründend.

Hoffentlich will der Chef nicht an Arbeitskräften sparen. Dann hätte der Mitarbeiter indirekt einer möglichen Kündigung zugestimmt – hoffentlich nicht zwangsläufig der eigenen.

Übereinstimmungs-Frage

Die Übereinstimmungs-Frage dient der laufenden Gesprächs-Kontrolle. Außerdem kann sie bei gehemmten Gesprächspartnern eingesetzt werden.

Es wird Unklares geklärt oder gecheckt, ob der Fragende richtig verstanden hat.

> o „Habe ich nicht in Erinnerung, dass …?"

Es gibt durch die große Übereinstimmungs-Frage die Möglichkeit zu korrigieren.

> o „Ja, so war es besprochen."

> o „Ich erinnere mich anders."

Kontroll-Frage

Eine nette Frage, die Kontroll-Frage, aber eine wichtige. Sie dient der Klärung, ob das Gegenüber das Entsprechende verstanden hat.

> o „Darf ich das bisher Erreichte noch einmal zusammenfassen?"

Auch der Gesprächspartner kann die Kontroll-Frage stellen.

Er fasst die Vereinbarung zusammen, um zu zeigen, dass er alles ‚richtig' verstanden hat. Die Kontroll-Frage hilft, Missverständnissen vorzubeugen oder Ungenaues gleich zu korrigieren.

Ja-Sage-Tendenz

Diese Frage mit dem eigenartigen Namen ist eine spezielle Suggestiv-Frage.

Mehrere Fragen werden hintereinander so gestellt, damit der Beantwortende immer mit ‚ja' antworten soll.

So wird spätestens nach der dritten Frage fast automatisch auch mit ‚ja' geantwortet, da das Gehirn des Befragten davon ausgeht, dass bisher alles stimmte (und mit ‚ja' beantwortet wurde).

Deshalb nimmt es an, dass auch das nächste stimmen muss (und somit wieder mit ‚ja' beantwortet wird).

- o „Sie arbeiten schon 10 Jahre bei uns?"
- o „Ja."
- o „Gefällt Ihnen die Arbeit bei uns?"
- o „Ja."
- o „Sie wollen auch in Zukunft bei uns arbeiten?"
- o „Ja."
- o „Dann sind Sie auch bereit, in der gegenwärtigen Situation, vorübergehend für etwas weniger Lohn zu arbeiten?"
- o „Ja."

Die richtige Frage

- o „Das ist genau die Frage!", ruft Anja begeistert aus.
- o „Das ist genau der Punkt, um den es geht", führt sie fort.

Ihr Gesprächspartner hatte offensichtlich eine Frage gestellt, die ‚ins Volle' traf. Die beiden sind an einer Stelle im Dialog angelangt, bei der sie ‚ans Eingemachte' gehen können. Sie diskutieren eifrig weiter.

Verbotene Fragen

Am Rand des Legitimen

„Ist nicht die Dämmerung die Zeit der Märchen;
ist nicht die Zeit der jungen Liebe die Zeit des Traumes?"
Wilhelm Karl Raabe (Jakob Corvinus), dt. Schriftsteller
(1831 - 1910)

Im Bewerbungsgespräch

Immer wieder kommt es vor, dass in einem Bewerbungsgespräch sogenannte ‚kritische Fragen', auch ‚verbotene Fragen' genannt, gestellt werden.

Damit sind Fragen gemeint, mit denen nach Dingen gefragt wird, die den Personalverantwortlichen nichts angehen. Trotzdem ist es wichtig, auf diese Fragen vorbereitet zu sein, um diplomatisch reagieren zu können.

Würde auf eine ‚kritische Frage' nämlich entgegnet

o „Das geht Sie nichts an",

hätte der Bewerber eine denkbar schlechte Atmosphäre geschaffen und der Erfolg des Gesprächsverlaufs ginge wohl eher in die falsche Richtung.

o „Trinken Sie übermäßig Alkohol?"

o „Sind Sie abergläubisch?"

o „Gehören Sie einer Partei an?"

o „Haben Sie einen festen Freundeskreis?"

o „Sind Sie treu?"

Bei dieser Art Fragen darf ausweichend geantwortet werden.

Dominanz zeigen

Dominanz zeigen und das Gespräch unterbrechen.

Sitzen zwei Personen, beginnen sie meist einen Dialog. Drei Personen ermöglichen einen Trilog. Alle drei können sich idealerweise gut austauschen.

Das sollte auch bei vier Personen noch möglich sein. Nach einer Weile, wenn sozusagen die ‚Basis-Themen' durchgesprochen sind, kann es sein, dass die Inhalte der Gesprächsthemen auseinanderlaufen.

Beispiel: Das Paar B hat das Paar A zu sich eingeladen. Nach den üblichen Begrüßungszeremonien und den ersten Getränken nehmen die Paare am Tisch Platz und unterhalten sich.

Im Lauf der Zeit ergibt es sich, dass sich Frau A mit Herrn B und Frau B mit Herrn A unterhält. Es laufen jetzt zwei unabhängige Gespräche parallel.

Es dauert nicht lange, bis Frau A das Gespräch mit Herrn B unterbricht und laut ihrem Ehemann zuruft:

- o „Sag mal Schatz, was hat die Lehrerin von Oliver noch mal gesagt?"

Nun werden die anderen beiden in ihrem Dialog unterbrochen. Der Partner von A muss jetzt seine Erinnerungen beitragen.

Frau A hat das Gespräch der beiden bewusst unterbrochen und dominiert durch ihre Rückfrage die Gesprächssituation.

Es kann sein, dass Herr A und Frau B nicht mehr zu ihrem gerade geführten Thema zurückfinden. Sie werden dann ins Thema, das Frau A mit Herrn B führte einbezogen – ohne dass sie das unbedingt wollten.

Frau A hat es geschafft, allen Vieren ihr Gesprächsthema aufzudrücken.

Geht Frau A häufiger in dieser Art vor, sollte sie sich überlegen, ob ihr Partner sich auch ‚ohne sie' mit jemandem ungestört eine gewisse Zeit unterhalten darf.

Extremsituation erzeugen

Einen anderen Bereich der verbotenen Fragen stellen solche dar, die erwartungsgemäß zu bösen Streitereien führen können, zum Beispiel Fragen, die Partnerschaften zerbrechen lassen können:

- o „Bist du fremdgegangen?"

Natürlich kann solch eine Frage legitim sein, besonders dann, wenn eine berechtigte Vermutung vorliegt. Wird die Frage lediglich aus Eifersuchtsgründen – ernsthaft – gestellt, wie sollte der Befragte dann antworten?

Entspricht die Annahme der Wahrheit und wird mit ‚Ja‘ geantwortet, kann der weitere Gesprächsverlauf zu einer Entscheidung führen. Wird mit ‚Nein‘ geantwortet, ist es nicht sicher, ob der (eifersüchtig) Fragende der Antwort glaubt. Es kann dadurch Stress entstehen.

Lügt der Befragte, wird er kaum ernsthaft mit einem ‚Ja‘ reagieren, sondern abstreiten, sehr wahrscheinlich mit unschönen Konsequenzen.

Mit Wissen angeben

„Der britische Seefahrer James Cook (1728 – 1779) befuhr drei mehrjährige Fahrten auf den Weltmeeren. Auf einer der Entdeckungsreisen wurde er umgebracht. Auf welcher?“

Es kursiert ein Witz. Bei einem feierlichen Essen der oberen Gesellschaft in Großbritannien stellt einer der Herren einer der anwesenden Damen diese Frage, James Cook betreffend.

Die Dame windet sich mit ihrer Antwort etwas, da sie es ‚mit der Seefahrt nicht so habe‘. Ein anderer Gentleman springt ihr bei, um sie aus dieser unangenehmen Situation zu erlösen.

Jemanden bloßstellen

Jemanden in solch eine peinliche Lage zu bringen – oder gar das eingeschränkte Denken zu offenbaren – entspricht weder den damaligen noch den heutigen Umgangsformen. Es ist nicht üblich, jemanden bloßzustellen. Wer hat es nötig, sich zu Lasten anderer zu profilieren?

Vorsicht: Jemand, der bloßgestellt wird, neigt dazu, sich zu rächen. Der Prahlende riskiert, sich einen ‚Feind zu machen‘, der irgendwann einmal zurückschlagen wird.

Auch in anderen Situationen gilt: Es wird vermieden, jemanden lange zu einem (fachlichen) Thema, bei dem davon ausgegangen werden kann, dass der Befragte keine oder wenig Kenntnis zur Materie hat, ‚klein' aussehen zu lassen.

Peinliche Situationen auslösen

Gast A bringt den Befragten in eine für ihn peinliche Situation, wenn er ihn zu gesellschaftlichen ‚Tabu'-Themen im Beisein von anderen befragt.

Klassischerweise zählt hierzu die persönliche Einstellung zu Religion, Politik, Sexualität, zur familiären Situation, zu Krankheiten und so weiter.

Mit Fragen prahlen

Hin und wieder prahlt auch jemand mit seinem Wissen, zum Beispiel, wenn es um Erlebtes geht oder um einen speziellen Fachbereich.

- o „Waren Sie schon einmal in Kitzbühel?"
- o „Das weiß doch jeder, nicht wahr?"
- o „Kennen Sie die kleine Seekneipe direkt am Hafen in Saint-Tropez?"

In der vermeintlichen harmlosen Frage verstecken sich Hinweise auf das eigene Leben, den gelebten Standard oder die Lebenseinstellung.

Wirkt diese Selbstoffenbarung arrogant oder belehrend, ist sie fehl am Platze, da sich der Befragte ‚erniedrigt' fühlen kann.

Gericht und Journalismus

Die Wahrheit ist gesucht

*„„Keine andere Dichtung versteht dem menschlichen Herzen
so feine Dinge zu sagen wie das Märchen.“*

**Johann Gottfried von Herder, dt. Philosoph
(1744 - 1803)**

Vor Gericht

- „Recht bekommt nicht zwangsläufig der, der Recht hat, sondern dessen Anwalt rhetorisch besser argumentieren kann."

Auf Fragen bei Gericht ist ehrlich zu antworten – sofern sich der Angeklagte nicht selbst belastet.

Der gegnerische Anwalt wird durch geschicktes Fragen versuchen herauszufinden, wie das Geschilderte ‚wirklich' war.

Manchmal wird dabei eine verwirrende Fragestellung gewählt. Der Befragte ist unter Umständen überrumpelt.

Überrumpelung – Die taraktische Frage

In der Fragestellung (die taraktische Frage ist eine verwirrende oder beunruhigende Frage) ist bereits eine Behauptung aufgestellt.

Auch das ist eine deutliche Art der Manipulation, indem in der Fragestellung bereits eine Behauptung vorgegeben ist.

Hier handelt es sich um eine taraktische (verwirrende) Frage.

- „Hat der Nachbar auf dem Balkon oder im Treppenhaus geraucht?"

In dieser Frage wird unterstellt, dass der Nachbar geraucht hat. Aber vielleicht war er ohne Tabakware unterwegs.

Schnell fällt der Befragte hierauf rein, da er (automatisch) annimmt, dass geraucht wurde. In seinem Gehirn baut sich fast automatisch das Bild einer rauchenden Person auf, obwohl es gar nicht so gewesen sein muss.

So mag er beispielsweise denken:

- o „Im Treppenhaus habe ich ihn nicht beim Rauchen gesehen. Dann müsste er wohl auf dem Balkon geraucht haben.“

Aufpassen, wenn eine Frage dieser Art gestellt wird. Nicht sofort antworten, sondern erst überlegen, ob <u>überhaupt</u> geraucht wurde.

Im Falle einer Zeugenaussage könnte das sonst (ungewollt) eine deutliche Einflussnahme bedeuten.

- o „Hatte das Fahrzeug Abblendlicht oder Fernlicht eingeschaltet?“

Hierbei wird unterstellt, dass Licht eingeschaltet war. Es scheint nur unklar, welche Art von Licht.

Der Zeuge wird nun überlegen und sich für eine der beiden Varianten entscheiden. Möglicherweise war gar kein Licht eingeschaltet.

Da nun aber eine Zeugenaussage vorliegt, kann auf einer ganz anderen Basis weitergesprochen werden:

Diese Art der Frage hat der deutsche Psychologe Wilhelm Karl Arnold (1911 – 1983) in der Forensischen Psychologie eingeführt. Das Ziel war, in Befragungen die Schutzhaltung des Befragten zu durchbrechen.

Das Wort taraktisch kommt vom Altgriechischen ‚tarassein‘, was übersetzt wird mit ‚erschüttern‘ beziehungsweise ‚beunruhigen‘.

„Antworten Sie nur mit Ja oder Nein!“

Der Anwalt befragt den Zeugen:

- o „Können Sie sich vorstellen, dass Ihr Nachbar lügt?“

Der Zeuge weiß nicht, ob der Nachbar lügt. Er weiß auch nicht, ob der Nachbar im behandelten Fall gelogen hat. Er windet sich, will diese Frage nicht beantworten und sagt:

- o „Ich weiß nicht, ob der Nachbar lügt.“

Er wird vom Anwalt unterbrochen:

- o „Antworten Sie nur mit ‚Ja‘ oder ‚Nein‘! Können Sie sich vorstellen, dass er lügt?“

- o „Ja natürlich kann ich mir vorstellen, dass jemand lügt.“

- o „Also ja oder nein?“

- o „Ja.“

Der Zeuge hat nun mit seinem ‚Ja‘ ausgedrückt, dass der Ange-klagte lügen könne. Möglicherweise wird ihm das später zur Last gelegt.

In seriöser Befragung werden solche Art Fragen selbstverständlich vermieden, sind grundsätzlich aber denkbar.

Journalismus – Die falsche Frage

Nun möchte eine Journalistin den Politiker namens Baumann zu ei-nem Vorwurf befragen, der in den sozialen Medien kursiert.

- o „Herr Baumann, wie stark setzen Ihnen die Vorwürfe im Internet zu?“

Der Politiker lächelt und antwortet:

- o „Das ist doch die falsche Frage.“

Er führt nun alle möglichen Ausführungen an. Diese haben mit der zuerst gestellten Frage nichts mehr zu tun.

Eine vergleichbare Reaktion auf die erste Frage der Journalistin kann sein:

- o „Das ist doch gar nicht die Frage.“

Oder:

- o „Die Frage müsste ganz anders gestellt werden.“

Der Politiker lenkt vom Eigentlichen ab und gibt sich die Möglich-keit, unabhängig der Interessen der Journalistin, zu äußern.

So nebenbei korrigiert er die Journalistin. Er macht ihr deutlich, dass sie ihren Beruf unprofessionell ausübt und noch nicht einmal die erste Frage korrekt stellen kann. Solch eine Einstellung ent-spricht nicht dem höflichen Miteinander.

Ähnliches geschieht, wenn der Politiker antwortet:

- o „Ja, eine gute Frage, aber lassen Sie mich eben erst …“

Und schon hat er die gestellte Frage umgangen. Wie weiter oben ist es ihm gelungen, nun seine Ausführungen ‚lang und breit' kundzutun.

Die Journalistin kommt bei solch einem Verhalten in eine unangenehme Situation. Darf oder soll sie den Politiker unterbrechen? Soll sie ihn (endlos) weiterreden lassen? Sie muss riskieren, dass auf ihre Einstiegsfrage überhaupt nicht eingegangen wird.

Trainierte Journalisten versuchen den Interviewten nach wenigen Sätzen freundlich aber bestimmt zu unterbrechen und die eigene Frage zu wiederholen. Gegebenenfalls sogar mit konkretem Hinweis, dass die Frage nicht beantwortet wurde.

Der gewiefte Politiker, der häufig mit Journalisten zu tun hat, spürt genau, ob er es mit ‚schwachen', also lenkbaren, Journalisten zu tun hat.

Bei freundlich aber strikt vorgehenden Journalisten kann er sich (aus seiner Sicht) unangenehmen Fragen weniger leicht entziehen.

„Frag mich was Leichteres!"

Der Befragte scheint sich mit einer Antwort schwer zu tun. Er benötigt einen Augenblick, um sich zu sammeln.

o „Frag mich nicht!"

Hier wehrt der Dialogpartner von vornherein ab, antworten zu wollen. Manchmal wird die Ablehnung durch ein ‚aber' relativiert.

o „Frag mich nicht, aber ich würde ..."

Schmollend zieht sich Onkel Olaf zurück.

o „Mich fragt ja keiner."

Seine Meinung scheint nicht gefragt. Zum Beispiel dann, wenn Umfrageergebnisse bekannt werden oder wenn es um Entscheidungen in der Familie oder im sozialen Umfeld geht.

o „Wenn du mich fragen würdest ..."

Mit dieser Frage fordert jemand auf, gefragt zu werden. Erfolgt die Frage nicht, wird gegebenenfalls direkt und unaufgefordert eine Meinung kundgetan.

Fragen für die Allgemeinheit

Wie ist die Tendenz der Gesellschaft?

„Märchen entspannen und heilen mit Worten. Sie können ein Schlüssel zu verborgenen Seelenbildern sein. Man wird wieder aus Himmel und Sternen Bilder machen und die Spinnweben alter Märchen auf offene Wunden legen.“

Christian Otto Josef Wolfgang Morgenstern, dt. Schriftsteller
(1871 – 1914)

Die Umfrage auf der Straße

Eine Person hat den Auftrag, eine Umfrage auf der Straße durchzuführen. Oder – sie will ein Produkt verkaufen, hat sich als Ziel gesteckt, ein optimales Verkaufsgespräch, ein Bewerbungsgespräch oder ein Überzeugungsgespräch zu führen.

In vielen Fällen (vielleicht sogar in allen?) ist es das Ziel, den Gesprächspartner manipulierend so weit zu bringen, dass er die Zielfrage (das ist die zuletzt gestellte Frage im Gespräch) im Sinne des Fragenden beantwortet.

Nämlich: Er soll ‚Ja‘ sagen zur angebotenen Ware, eigenen Arbeitskraft, zum vorgeschlagenen Projekt, der Idee.

Demoskopie

Neben dem Interview, das nur mit einer Person durchgeführt wird (zum Beispiel im Bewerbungsgespräch), wird die sogenannte öffentliche Meinungsumfrage seit 1936 als Demoskopie (gr. ‚demos‘ für ‚Volk‘ und ‚skopein‘ für ‚spähen‘) bezeichnet (US-amerik. Meinungsforscher George Horace Gallup, 1901 – 1984).

Nicht zu verwechseln ist ‚Interview‘ – sei es manipulierend oder informierend angelegt – mit der ‚Umfrage‘. In einer Umfrage werden mehrere Personen nach ihrer Meinung befragt und es soll ein tatsächliches Ergebnis ohne manipulative Einflüsse erzielt werden.

Zum Beispiel, wie viele Menschen morgens Kaffee oder Tee trinken, oder wer aktuell welche Partei wählen würde. Das Ergebnis wird festgehalten und dann statistisch ausgearbeitet.

Face to face oder via Technik

Obwohl es verschiedene Umsetzungen von Interviews gibt, wird im Weiteren der Unterschied zwischen den drei Interviewarten nicht näher betrachtet.

Klassisch ist das Interview face to face (Gesicht zu Gesicht). Befragter/Interviewer und Fragender/Interviewer stehen sich unmittelbar [physisch] gegenüber.

Daneben gibt es das telefonische Interview und das Interview per Video-Chat. Als dritte Interviewart ist das schriftliche Interview möglich.

Methodik

Die Methodik (gr. ‚methodos‘ für ‚Weg zu etwas hin‘) bedeutet etwa: Die Strategie, um etwas zu erreichen. Demnach ist der Einsatz eines Fragebogens der Weg, um bestimmte Daten, zum Beispiel für statistische Informationen von Einzelpersonen zu erhalten.

Um einen möglichst seriösen Durchschnittswert für eine statistische Auswertung zu erhalten, werden meist 1.000 bis 2.000 Personen befragt. In seriösen Quellen findet sich beispielsweise die Angabe ‚1.004 Befragte‘.

Questionnaire

Neben einer Vielzahl von Interviews und anderen Befragungsformen in der Medizin, Therapie und Psychologie (zum Beispiel Beratungsinterview) findet sich der Questionnaire.

Dieser wird mit einem feststehenden Bereich von Fragen zum Beispiel für diagnostische Zwecke eingesetzt.

Um Verwechslungen zu vermeiden, sind die Fragen aufgeschrieben und bieten eine Auswahl von möglichen Antworten an.

Wer fragt, der führt

Es gilt als altbekannte Weisheit, dass der Fragende ein Gespräch in die Richtung lenken kann, in die er will.

Natürlich hat auch der Gesprächspartner die Möglichkeit, durch die Wahl und die Art seiner Antwort den Dialog zu beeinflussen.

Trotz allem liegt die Hauptkraft des Dialogs in der durchdachten Fragestellung.

Interessante Interviews ergeben sich hauptsächlich dadurch, dass überlegte und gleichzeitig lenkende Fragen gestellt werden.

Befragungskonstruktion: hart/weich

In einem Interview gibt es eine ‚harte' und eine ‚weiche' Vorgehensweise (das gilt auch für bestimmte Gesprächssituationen).

Bei der harten Vorgehensweise ist das Ziel die fokussierte (gezielte) Befragung mit vielen geschlossenen Fragen. Sie bringt dem Befragten nur wenig Raum, eigene Ausführungen einzubringen, da die Beantwortung der Fragen auf ‚ja' oder ‚nein' reduziert ist.

Narrative Befragung

Bei der weichen Vorgehensweise wird von einer narrativen (erzählenden) Befragung mit vielen offenen Fragen gesprochen.

Diese Vorgehensweise gibt dem Befragten viel Raum, mehr als nur mit ‚ja' oder ‚nein' zu antworten. Beide Vorgehensweisen können natürlich gemischt werden.

Für die Auswertung beziehungsweise Erfassung für eine Statistik bei mehreren Befragungen ist eine ‚harte' Vorgehensweise sicherlich einfacher, da Ja- und Nein-Antworten schneller zu erfassen und auszuwerten sind als offene Antworten.

Bei der ‚weichen' Vorgehensweise muss mehr zeitlicher Raum für die Auswertung der Bögen eingeplant werden, da verständlicherweise die offenen Fragen viel komplexer und unstrukturierter beantwortet werden können.

Fragen müssen eindeutig zu beantworten sein

Grundsätzlich müssen alle gestellten Fragen für den Befragten eindeutig zu beantworten sein, <u>wer</u> auch immer fragt, und <u>wann</u> und <u>wo</u> befragt wird.

Deshalb wird in den Fragen eine Sprache beziehungsweise werden Wörter gewählt, die von den Befragten verstanden werden.

Es ist sinnlos (im Sinn der neutralen Professionalität), seine Untersuchungen und Ergebnisse auf verbale Missverständnisse aufzubauen.

Befragungsfehler – Unfaire Befragung

Bei Befragungen und vor allem bei ihren Auswertungen lässt sich sehr viel manipulieren. Bekanntlich lässt sich eine statistische Angabe so oder so lesen beziehungsweise darstellen.

Allerdings lässt sich eine Befragung auch so durchführen, dass der Befragte durch die Fragestellung absichtlich manipuliert werden soll. Die Fragen werden nach und nach so aufgebaut, um den Befragten in eine bestimmte Richtung zu lenken.

Sauberes Ergebnis

Um ein sauberes, echtes Ergebnis zu erreichen, sollten typische Befragungsfehler vermieden werden.

Manche Befragungsfehler passieren oft unüberlegt. Durch ungenaue, falsche oder falsch interpretierte Antworten kann sich eine folgenschwere Fehlinterpretation ergeben.

Auf das falsche Ergebnis hin wird möglicherweise später aufgebaut. Ist die Basis brüchig oder fehlerhaft, kann der Aufbau auch wackeln. Im Falle eines Gutachtens könnte dieses schnell ‚gekippt‘ werden, was es wertlos macht.

Entscheidungen, die aufgrund fehlerhafter Basisdaten erfolgen, können finanzielle Schäden folgen lassen und bis zum beruflichen Ruin führen.

Aus diesen Überlegungen sollte klar werden, wie wichtig es ist, Befragungsfehler möglichst zu vermeiden.

Unfaire Befragung

Durch eine bewusst oder unbewusst durchgeführte ‚Unfaire Befragung‘ kann zwar manipuliert werden, aber kein seriöses Ergebnis erzielt werden.

Profis achten deshalb darauf, folgende Fehler zu vermeiden.

Unterforderung

Erscheinen dem Befragten die Fragen zu einfach, wird er schnell desinteressiert sein. Vielleicht fühlt er sich sogar veralbert. Ob dann die Antworten noch seriös sind?

Andererseits lässt es den Befragten in der Regel klug aussehen, wenn leicht zu beantwortende Fragen gestellt werden.

Somit könnte der Fragende jemanden ‚hochloben‘ und ihm daraufhin einen Auftrag erteilen, wohl wissend, dass er ihn nicht ausführen kann.

Manchmal wird solch eine Vorgehensweise eingesetzt, um jemanden später zur eigenen Kündigung zu bewegen.

Nämlich dann, wenn er selbst erkennt, der Lage beziehungsweise der Aufgabe nicht gewachsen zu sein.

Überforderung

Neben der Unterforderung gibt es die Überforderung.

Der Fragende verwendet viele Fremdwörter oder Fachvokabularien, wobei er nicht sofort erklärt, was er darunter versteht. Dann kann eine Überforderung des Befragten vorliegen.

Dieser kann leicht in die Klemme geraten, wenn er das Fremdwort nicht kennt.

Das ist natürlich besonders unfair, da der Fragende unter Umständen genau beobachten kann, wie sich sein Gegenüber windet oder unter seinem scheinbaren Nichtwissen leidet.

Der Befragte könnte den Fragenden trotzdem relativ leicht bloßstellen: Er könnte um die Übersetzung des Fremdwortes bitten. Es kann sein, dass er den Fragenden somit in eine peinliche Lage bringt, wenn dieser selbst das Fremdwort nicht sofort und eindeutig übersetzen kann.

Es gehört schon ein wenig Mut dazu, als Befragter eine Rückfrage zu stellen. Es scheint eine Schwäche zu offenbaren, nämlich die Schwäche des Nichtwissens. Tatsächlich ist die Nachfrage als Stärke zu bezeichnen, da der Befragte stark genug ist, eine vermeintliche Schwäche zuzugeben.

Schachtelsätze einsetzen

Stellt der Interviewer schwierig zu verstehende Fragen, oder benutzt er Schachtelsätze, fällt es den meisten Befragten schwer, gedanklich zu folgen. Wie soll der Befragte jetzt vernünftig antworten können?

Dasselbe gilt für Endlosfragen, bei denen der Anfang des Satzes vergessen wurde, wenn der Fragende endlich am Ende angekommen ist.

Der Durchschnitts-Mensch versteht nur Durchschnitts-Sätze. Einfache Sätze bestehen ungefähr aus (nur) sieben Wörtern.

Wenn die Moderatorin beziehungsweise der Moderator endlos lange Fragen stellt und diese gegebenenfalls noch mit einem ‚oder‘ durch eine endlos lange zweite Wortreihe verlängert, verliert der Befragte schnell den Überblick.

Er muss nachfragen, was die seriöse Fragestellung in sich schon fraglich werden lässt.

Antworten suggerieren

Eine Menge der Fragen können als sogenannte Suggestiv-Fragen, also Fragen, die beeinflussen, angesehen werden (siehe dort).

Im Sinn der erwarteten seriösen Antwort sind demnach Suggestiv-Fragen fehl am Platze.

In Verkaufsgesprächen oder in Überzeugungsgesprächen werden sie hingegen gerne benutzt, um den Befragten bewusst zu lenken.

Manchmal hilft die Suggestion, eine Entscheidung zu treffen.

In die Länge ziehen

Dauert der Austausch zu lange oder steht der Befragte unter Zeitdruck, wird er ebenso ungern und damit möglicherweise unrichtige Antworten geben.

Der Befragte kann gelangweilt, genervt oder unaufmerksam werden, was sich auf die Antworten auswirken kann. Gegebenenfalls versucht er, die Befragung abzubrechen.

Wenn es absehbar ist, gibt der Fragende zu Beginn ein Zeitfenster vor. Das vermittelt dem Befragten eine gewisse Sicherheit.

Gekoppelte Fragen

Fragen, die mit ‚und' verknüpft sind, sind manchmal nicht eindeutig zu beantworten.

Der Interviewer fragt:

- „Sind Sie der Meinung, dass die Innenstädte autofrei gestaltet werden sollten und jeder Haushalt maximal nur noch ein Fahrzeug besitzen darf?"

Vielleicht kann der Befragte beide Überlegungen bestätigen oder er findet beide nicht angebracht. Vielleicht würde er aber einer der beiden Überlegungen zustimmen wollen.

Wie soll er nun vernünftig mit ‚Ja' oder ‚Nein' antworten?

Knebelnde Fragen

Knebeln bedeutet in diesem Kontext: Jemand wird daran gehindert, sich frei zu entfalten – hier zu entscheiden.

- „Wollen Sie, dass die Steuern auf Lebensmittel gesenkt werden und mich wählen oder wollen Sie einen zukünftigen Solidaritätszuschlag auf Bio-Lebensmittel akzeptieren?"

Entscheidet der Befragte sich für die Steuersenkungen, wählt er gleichzeitig den Fragesteller, den er möglicherweise nicht bevorzugt.

Im Geschäftsleben gelten Knebelverträge als rechtswidrig.

Auftreten des Fragenden

Der Fragende hat natürlich einen erheblichen Einfluss auf die Beantwortung der Fragen.

Erscheint er sympathisch, erhält er unter Umständen andere Antworten als bei einem unsympathischen Auftreten.

Weiter spielt eine Rolle, ob eine Frau oder ein Mann auftritt, ob diese Person alt oder jung ist, wie das allgemeine Auftreten ist, welche Umgangsformen die Person aufweist und so weiter.

Weiter können Überlegungen greifen, wenn mit Befragten anderer Kulturen gesprochen wird.

Beispielsweise tun sich viele arabische Geschäftsleute schwer, Frauen als gleichwertige Interviewer anzusehen.

Abwechslungsreiche Fragearten

Unabhängig der Befragungsfehler gibt es bekanntlich eine Vielzahl von Fragearten. Es wäre nämlich langweilig für den Befragten, immer nur dieselbe Art Fragen zu stellen.

Deshalb bei einem Interview oder einer Umfrage darauf achten, möglichst einen angenehmen und neugierig machenden Fragemix zu verwenden.

Die Dramaturgie des Fragebogens

Mehrere vorgegebene Fragen hintereinander gereiht ergeben einen Fragebogen.

Wird der Aufbau eines Fragebogens vorbereitet, soll dabei die Mikro- und Makro-Planung sowie die Dramaturgie berücksichtigt werden.

Mit einem übersichtlich aufgebauten Fragebogen lassen sich Antworten gut sammeln und später leicht auswerten.

Die Einzelfrage ist in einem Fragebogen relativ bedeutungslos, hat aber einen deutlichen Einfluss auf die Folgefrage und die Gesprächsatmosphäre.

Die Kombination mehrerer Fragen sichert das diagnostische (das, was es zu erkennen gilt) Ziel ab.

Dabei gilt die erste Frage als Eisbrecher-Frage, die letzte als Zielfrage.

Daraus folgt, dass die vernünftige Reihenfolge und die Verschiedenartigkeit der Fragen zu einem sinnvollen und damit wertvollen Fragebogen führen.

So lässt sich die Dramaturgie (Gestaltung) des Fragebogens darstellen.

Der Aufbau des Fragebogens

Für den Er-
folg der Be-
fragung ist
die Frage-
folge wich-
tig. Eine
Dramaturgie
(gr. ‚drama-
tigos' für ‚er-
regend',
‚mitreißend')
regt den Be-
fragten an,
bis zum
Ende des
Fragebogens
mitzuarbei-
ten (zu ant-
worten).

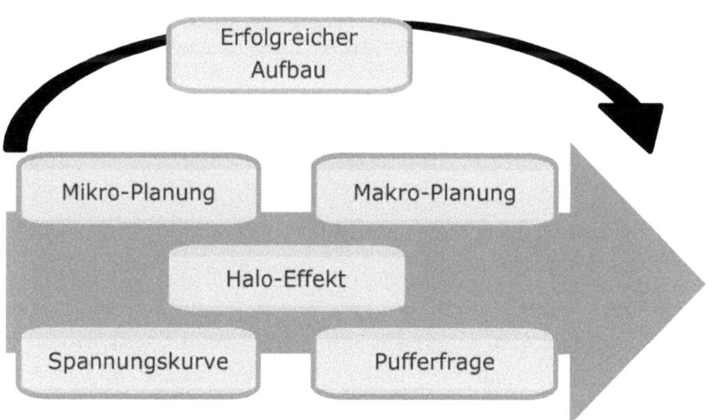

Kontrollfragen (in anderer Formulierung oder zur Überprüfung der Glaubwürdigkeit) können eingebaut werden.

Bei der Zusammenstellung werden berücksichtigt:

Spannungskurve

Die Spannungskurve entsteht durch die richtige Zusammenstellung der Fragen.

Sie sichert die Bereitschaft des Befragten zum emotionalen Engagement und Interesse an der Befragung.

Pufferfrage

Zwischen einzelnen Frage-blöcken kann eine Puffer-frage eingebaut werden, um …

… dem Befragten deutlich zu ma-chen, dass in einen neuen Themen-block gewechselt wird.

… den möglicherweise krassen Sprung in den nächsten Block zu mildern.

Mikro-Planung

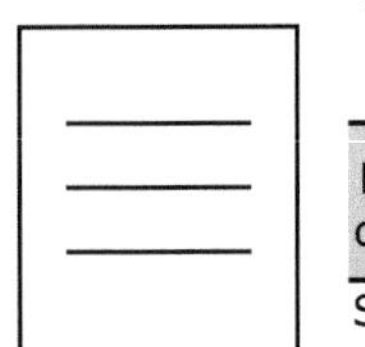

Die richtige Reihenfolge der Fragen wird Mikro-Planung genannt (Reihenfolge unmittelbar be-nachbarter Fragen).

Das heißt, die erste Frage wird vor der zweiten, die zweite vor der dritten und so weiter gestellt.

So ist es zum Beispiel sinnlos, am <u>Ende</u> der Prä-sentation zu fragen, ob jeder den Sprechenden gut hören und sehen kann.

Halo-Effekt

Die Mikro-Planung beachtet den sogenannten Halo-Effekt, auch Verzerrungs-Effekt genannt.

Die US-Psychologen Gordon Willard Allport (1897 – 1967) und Edward Thorndike (1874 – 1949) erkennen diesen Effekt, wonach jede Frage einen inhaltlichen und emotionalen Bezugsrahmen für die nächste Frage setzt (engl. ‚halo‘ für ‚Glorienschein‘, ‚Lichthof‘).

Die erste Frage ‚strahlt‘ sozusagen auf die zweite Frage aus, die zweite auf die dritte und so fort.

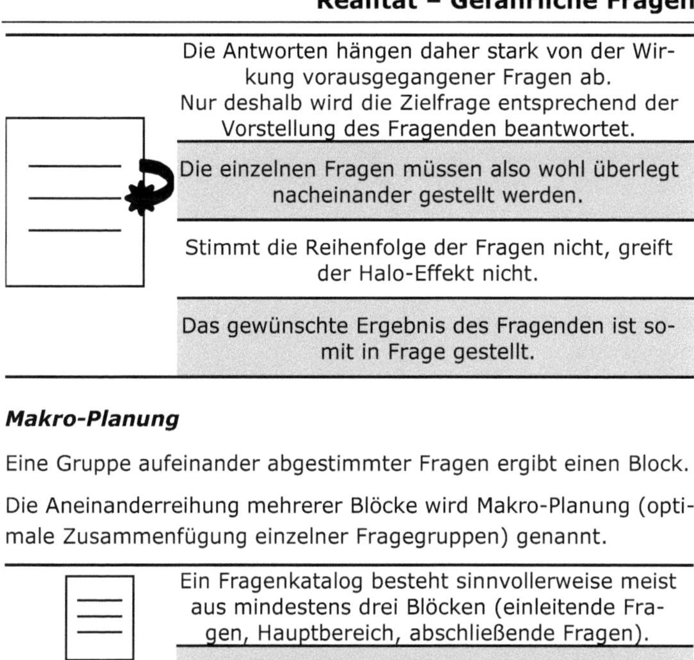

Die Antworten hängen daher stark von der Wirkung vorausgegangener Fragen ab.
Nur deshalb wird die Zielfrage entsprechend der Vorstellung des Fragenden beantwortet.

Die einzelnen Fragen müssen also wohl überlegt nacheinander gestellt werden.

Stimmt die Reihenfolge der Fragen nicht, greift der Halo-Effekt nicht.

Das gewünschte Ergebnis des Fragenden ist somit in Frage gestellt.

Makro-Planung

Eine Gruppe aufeinander abgestimmter Fragen ergibt einen Block.

Die Aneinanderreihung mehrerer Blöcke wird Makro-Planung (optimale Zusammenfügung einzelner Fragegruppen) genannt.

Ein Fragenkatalog besteht sinnvollerweise meist aus mindestens drei Blöcken (einleitende Fragen, Hauptbereich, abschließende Fragen).

Je nach Länge des Fragebogens können mehr als drei Blöcke benutzt werden.

Weniger als drei Blöcke ergeben allerdings keinen vernünftigen Aufbau eines Fragebogens.

So wie bei den Einzelfragen ist die Reihenfolge der Blöcke ausschlaggebend für den Erfolg der Frageaktion.

Aufbau

Im ersten Block befindet sich unter anderen die Einstiegsfrage, auch Eisbrecher-Frage, im letzten die Zielfrage.

Durch die richtige Aneinanderreihung der Blöcke entsteht die Spannungskurve.

Zwischen den einzelnen Blöcken können Pufferfragen eingeschoben sein.

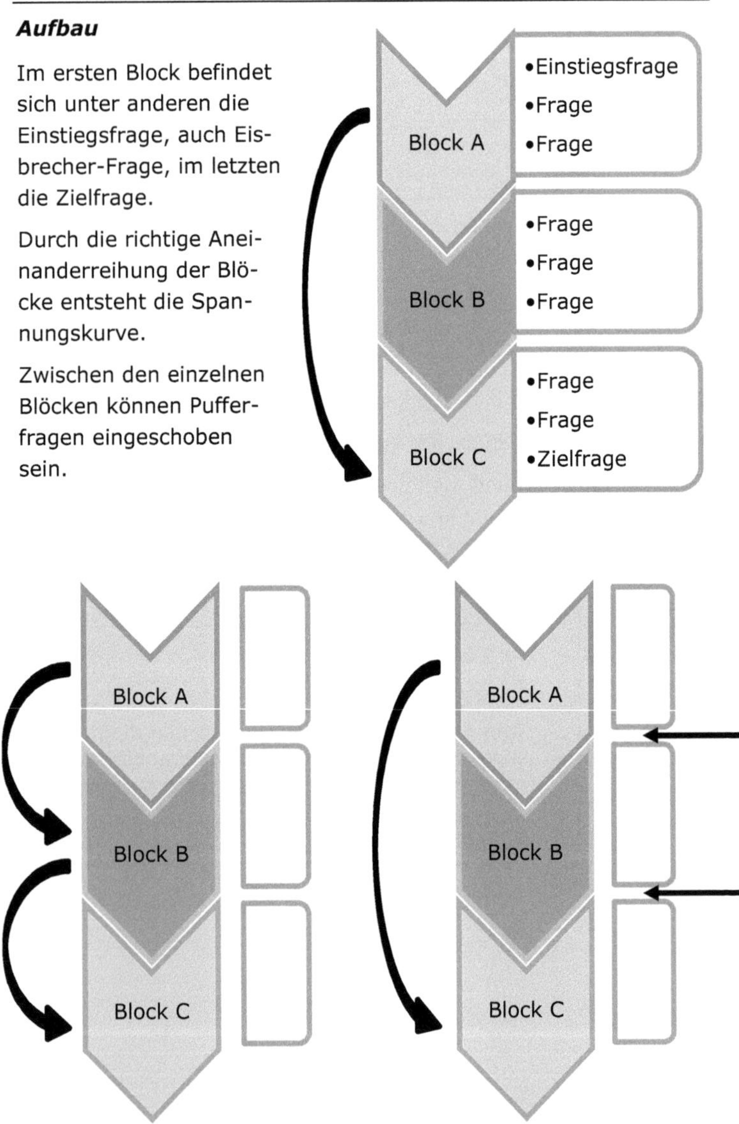

Die Einstiegsfrage und die Zielfrage sollten eine geschlossene Frage sein, damit der Befragte im Idealfall mit ‚Ja' antworten kann.

Gelenkte Fragen

In die Falle locken

„Rotkäppchen, sieh einmal die schönen Blumen, die ringsumher stehen.
Warum guckst du dich nicht um?
Ich glaube, du hörst gar nicht, wie die Vöglein so lieblich singen?"

Aus ‚Rotkäppchen'
Dt. Märchensammler Brüder Grimm
(Jacob Ludwig Karl, 1785 - 1863 und Wilhelm Carl, 1786 - 1859)

Fragetrichter

- „Wo hinaus so früh, Rotkäppchen?"

- „Zur Großmutter."

- „Was trägst du unter der Schürze?"

- „Kuchen und Wein. Gestern haben wir gebacken, da soll sich die kranke und schwache Großmutter etwas zugut tun und sich damit stärken."

- „Rotkäppchen, wo wohnt deine Großmutter?"

Na, hier könnte ein intelligent Fragender aktiv gewesen sein. Ja, es stimmt, es war der pfiffige Wolf. Er erkannte die Chance, die sich ihm bot. Er fragte Rotkäppchen fast inquisitorisch (siehe dort) aus, aber doch so schmeichelnd, dass das unbedarfte Rotkäppchen keinerlei Verdacht schöpfte.

Im Gegenteil, es pflückte bunte Blumen für einen schönen Blumenstrauß für die Großmutter. Damit verschaffte es dem Wolf genügend Zeit für seine Vorbereitungen.

Im kurzen Dialogausschnitt zwischen Rotkäppchen und Wolf ist eine Art Fragetrichter zu erkennen. Eine Frage baut auf die nächste auf. Genauso machen es Profis, um ihre Umfragen erfolgreich durchführen zu können.

Liegt eine Manipulation im Fragenkatalog vor, kann von einem Fragetrichter gesprochen werden.

Die gestellten Fragen leiten gezielt auf die wichtige Abschlussfrage hin. Diese soll dann im Wunsch des Fragenden erfolgen.

Interessant wird das manipulative Gespräch sein, welches zwischen Alex Lieb und dem ‚Boss‘ geführt wird.

Mithilfe dieses Ablaufs lässt sich sehr gut die Struktur im Fragenkatalog zeigen, sowie die Manipulation, die auf die Zustimmung des Mitarbeiters zielt.

Manipulation im Fragetrichter

Im Szenario oben wurde ein Gespräch mit Hinterlist zwischen Boss und Mitarbeitendem belauscht.

Bei der Gesprächsführung ist das Augenmerk auf die Beiträge des Chefs zu richten. Es ist zu erkennen, dass manchmal lediglich Ja-Nein-Fragen gestellt werden. Schon ganz am Anfang, die Einstiegsfrage, kann mit ‚Ja‘ beantwortet werden.

Ziel des Chefs ist es, dass die finale Frage, die Zielfrage, in seinem Sinn ebenso mit ‚Ja‘ beantwortet wird. Schließlich möchte der Chef, dass mehr gearbeitet wird, wohlgemerkt bei gleicher Bezahlung.

Analyse des Gesprächs mit Herrn Lieb – Der manipulierende Fragetrichter

- Boss: „Ach, hallo, guten Tag Alex Lieb. Nehmen Sie bitte Platz.“

- Lieb: „Vielen Dank.“

- Boss: „Ich finde es schön, dass Sie sich die Zeit nehmen, zu mir zu kommen. Sie haben doch sicherlich viel in der Produktion zu tun, oder?“

Der Boss äußert ein Lob, weil der Mitarbeiter sich den Weg zu ihm ins Büro machte. Aus Sicht des Mitarbeiters: Bliebe ihm etwas anderes übrig? Nein. Also wird mit dem vermeintlichen Lob nur geschmeichelt.

- Lieb: „Ja, habe schon eine Menge zu tun.“

- Boss: „Alex Lieb, wie lange arbeiten Sie denn schon bei uns?“

- Lieb: „Fast 20 Jahre.“

- Boss: „20 Jahre? Das ist aber eine lange Zeit.“

- o Lieb: „Na ja."

- o Boss: „Dann gefällt es Ihnen sicherlich bei uns?"

Was soll Herr Lieb auf diese Frage antworten, unter der Berücksichtigung, dass er bereits zwanzig Jahren im Unternehmen arbeitete? Soll er sagen:

- o „Nein, mir gefällt es nicht."

Dann riskierte er die Rückfrage, wieso er bereits zwanzig Jahren durchgehalten habe. Solch eine Gesprächswendung kann nicht in seinem Sinn sein. Also muss er gedanklich fast zwangsläufig – die Frage, ob es ihm im Unternehmen gefällt, mit ‚Ja' beantworten.

Würde die Frage „Dann gefällt es Ihnen sicherlich bei uns?" vor der 20-Jahre-Frage gestellt, wäre eine andere Antwort denkbar. Zum Beispiel: „Ziemlich gut, aber …". Die hinterlistige Manipulation funktioniert. Weiter mit dem Gespräch.

- o Lieb: „Ja, doch."

- o Boss: „Sicherlich wollen Sie die nächsten 20 Jahre auch noch bei uns arbeiten, oder?"

- o Lieb: „Na klar."

Der Fragetrichter funktioniert auch hier. Weshalb sollte er die nächsten Jahre nicht bleiben wollen, solange nichts extrem Unangenehmes geschieht.

- o Boss: „Sehr schön. Alex Lieb, Sie haben wahrscheinlich schon von den Problemen des Mitbewerbers X gehört?"

- o Lieb: „Jaa, also nicht so genau."

Aus Liebs Antwort ist zu hören, dass er offensichtlich nichts Genaues gehört hat. Sein ‚ja' ist gedehnt. Er will nicht ‚nein' sagen, um nicht als uninformiert oder gar als dumm angesehen zu werden.

- o Boss: „Nun, unbestätigten Gerüchten zufolge geht es dem nicht mehr so gut."

- o Lieb: „Ui."

- o Boss: „Ja, Sie wissen ja, die Asiaten …"

- o Lieb: „Ja, ja."

Die Behauptung „die Asiaten …" wird unausgesprochen im Raum stehengelassen. Unterschwellig ist bekannt, dass bestimmte asiatische Länder den heimischen Markt mit günstigen Produkten überschwemmen.

- o Boss: „Und die Pandemie …"

- o Lieb: „Ja, das war echt blöd."

Was hat die Pandemie mit der Situation zu tun? Das erschließt sich jetzt (und später) noch nicht. In vielen Gesprächen wird die Pandemie als Grund für irgendeine (negative) Entwicklung herbeigezogen. Ob sie wirklich der Grund für die Situation ist, um das es in diesem Gespräch gerade geht?

- o Boss: „Alex Lieb, finden Sie es gut, wenn Mitarbeiter der Firma X nach 20 Jahren Beschäftigung entlassen werden müssen?"

- o Lieb: „Nein – natürlich nicht."

- o Boss: „Finde ich schlimm. Sie auch?"

- o Lieb: „Ja, natürlich ist das schlimm."

Natürlich ist solch eine Situation schlimm. Das weiß Alex Lieb genauso wie der Boss.

- o Boss: „So soll es in unserem Unternehmen doch nicht geschehen, oder?"

- o Lieb: „Nein, um Himmels Willen."

- o Boss: „Also sind Sie mit mir der Meinung, dass wir unbedingt vermeiden müssen, dass unsere Mitarbeiter auf der Straße landen?"

Eine sehr suggestiv ausgerichtete Frage.

Das klingt nett gemeint. Nach dem Prinzip: „Wir sitzen alle in demselben Boot." „Wir helfen einander."

Möglicherweise spürt Alex Lieb eine gewisse – nicht ausgesprochene – Drohung, die im Raum liegt.

- o Lieb: „Ja, da bin ich absolut Ihrer Meinung."

- o Boss: „Alex Lieb, ich weiß ja, dass Sie und Ihre Kollegen schon sehr viel arbeiten. Aber meinen Sie, dass es – eine gewisse Zeit lang – denkbar wäre, dass Sie ein klitzeklein wenig noch mehr Arbeitsleistung aufbringen könnten?"

- o Lieb: „Nun … ja, bestimmt."

Jetzt kommt der Boss zur Sache.

- o Boss: „Das finde ich sehr loyal von Ihnen, Alex Lieb. Danke."

- o Lieb: „Ist schon gut."

Loyal? Oder doch eher ein fragwürdiges Einbinden der Emotionen?

- o Boss: „Lassen Sie uns Nägel mit Köpfen machen. Sagen wir, dass wir – vorübergehend – sagen wir mal – zwanzig Prozent mehr Arbeitsleistung aufbringen können?"

Puh, jetzt ist es raus, worum es geht. Für Alex Lieb wäre es nun außerordentlich schwierig, diesen ‚Vorschlag' abzulehnen.

- o Lieb: „Ist schon eine Menge. Aber wenn es dem Unternehmen hilft."

- o Boss: „Ich habe nichts anderes von Ihnen erwartet. Also halten wir fest: Zwanzig Prozent mehr Arbeitsleistung, sagen wir einfach, ab dem nächsten Ersten. Einverstanden?"

- o Lieb: „Ja, ist gut."

Die geschlossene Zusatzfrage lautet „Einverstanden?". Nach dem bisherigen Fragetrichter ist Alex Lieb schon so tief im Trichter ‚gerutscht', dass aufgrund der vorab gegebenen Antworten (fast) nur eine Zusage möglich ist. Eine Verneinung würde seine bisherigen Aussagen unglaublich machen.

Damit es klar wird: Es wurde nicht vom (finanziellen) Ausgleich gesprochen. Auch ist es unklar, was „vorübergehend" bedeutet. Handelt es sich um eine Woche, einen Monat oder bis es ‚bessere Zeiten' gibt?

Alex Lieb erhebt sich, dankt für das Gespräch und verlässt das Büro. Er ist nachdenklich und nicht ganz so sicher, ob er gerade seinen Arbeitsplatz gerettet hat. Er wird sehen, was passiert.

Hätte der Chef zu Beginn des Zusammenkommens direkt nach einer zwanzigprozentigen Zusatzleistung gefragt, wäre das Gespräch höchstwahrscheinlich anders, – und nicht zu seiner Zufriedenheit – verlaufen. Nur die Taktik, Mikro- und Makroplanung in seinem eingesetzten Fragetrichter zu verwenden, führte zum Erfolg. Der Chef ging hinterlistig vor. Das erzielte Ergebnis gibt ihm recht.

Kritiker mögen sagen, dass in Zeiten, in denen nach Viertagewoche und wöchentlichem Abbau der Stundenleistung bei gleichzeitiger Erhöhung des Stundensatzes heiß diskutiert sind, solch ein Gespräch kaum greifen würde. Bezogen auf bestimmte Situationen funktioniert es aber doch.

Natürlich könnte das Gespräch auch gedreht werden mit entsprechender Frage-Konstellation durch den Arbeitnehmer oder dessen Vertreter, zum Beispiel der Gewerkschaft. Beispiele in dieser Richtung gibt es genügend (Stand Drucklegung Ratgeber).

Der Dialog soll aufzeigen, mit welchen Tricks in der Fragetechnik gearbeitet werden kann, um den Dialogpartner in eine bestimmte Richtung zu lenken.

Erkenntnis

Mit dem gezeigten Beispiel soll klar geworden sein, wie schnell mit einem Fragetrichter sowie mit manipulierend eingesetzten Fragen das gewünschte Ziel erreicht werden kann. Gewünscht im Beispiel natürlich nur aus Sicht des Manipulierenden.

Selbstverständlich könnte eingewendet werden, dass das Beispiel extrem erscheint. Vielleicht mag angenommen werden, dass Alex Lieb zu leichtgläubig war und zu schnell zugesagt hat. Ist das Beispiel realistisch? Ja, denn es beruht von der Struktur her auf einem tatsächlichen Geschehen.

Andererseits ist es ganz leicht überspitzt gezeigt, um die Vorgehensweise deutlich zu machen. Die Umsetzung eines Fragetrichters sollte nachvollziehbar geworden sein.

Drückerkolonnen oder Verkaufspersonal in ‚Call-Centern‘ sind in der Regel sehr gut geschult und setzen solche Fragebögen erfolgreich ein.

Optimierung – Vernünftige Antworten

Antwort mit weitreichender Folge

„Wie lautet die Antwort?"

Lebensentscheidende Fragen

Manchmal klingen Fragen harmlos. Aber manche Widrigkeiten verstecken sich hinter harmlos klingenden Worten. Werden sie im Sinn des Fragenden beantwortet, können sie – unerwartet – lebensentscheidende Folgen nach sich ziehen.

Dazu gehört eine der wichtigsten Fragen am Tag der Trauung.

- o „Willst du, Johanna, den hier anwesenden Andreas zum Ehemann nehmen? So antworte mit ‚Ja'."

Ja heißt ja. Wird die Frage positiv beantwortet, ist die Zusage verbindlich. Deswegen ist ‚Ja' dort als Antwort mehr als gut zu überlegen.

Übrigens: Sollte mit ‚Nein' geantwortet werden, brechen viele Standesbeamte die Trauung sofort ab, auch wenn das ‚Nein' nur spaßig gemeint sein sollte.

Mündlicher Vertrag

Aus Sicherheitsgründen, zur Vermeidung von Missverständnissen und aus Gründen der Nachvollziehbarkeit werden ausgehandelte Verträge oft in Schriftform festgehalten.

Aber – auch der mündlich geschlossene Vertrag ist bindend.

- o „Ich hacke das Holz für dich, wofür ich eine Kiste Apfelsaft von dir bekomme."
- o „Einverstanden."

Manchmal bekräftigt der sogenannte ‚Handschlag' die Vereinbarung. Übrigens: Am letzten Donnerstag im Juni wird der Tag des Handschlags begangen.

Gier nach Materiellem

Dass viele Menschen regelrecht gierig nach Materiellem sind, ist kein Geheimnis. Für Viele, gerade in hiesiger Kultur, stellt sich häufig die Frage:

> o „Wie komme ich an (noch mehr) Geld (Reichtum)?"

Für die erhoffte Antwort wäre der eine oder die andere bereit, viel zu geben.

Solch eine Frage stellte sich auch einer hübschen Müllerstochter, die dafür vorgesehen war, Königin zu werden.

Aber eins nach dem anderen:

In Kreisen des Hochadels war es in Zeiten der Märchen nicht üblich und auch nicht notwendig, sich mit dem ‚einfachen Volk' abgeben zu müssen. Schon gar nicht mit solchen Menschen, die eine sonderbare Ausstrahlung hatten, in Höhlen lebten oder körperlich missgebildet waren. Wenn diese Kreaturen gleichzeitig lärmten und polterten (‚rumpeln' für ‚lärmen'), sollte sowieso Distanz zu ihnen genommen werden.

Einer dieser Typen war der kleingewachsene, hinkende Mann, der sich mithilfe eines ‚Stilz', ‚Stülz' (Stock oder Stab) oder einer ‚Stelze' bewegen musste. Kein Wunder, dass er den Namen Rumpelstilzchen trug.

Der geldgierige Müller behauptete dem König gegenüber, seine Tochter könne aus Stroh Gold spinnen. Das gelang der entsetzten jungen Frau verständlicherweise nicht. Zu ihrem (vermeintlichen) Glück erschien Rumpelstilzchen und bot ihr an zu helfen. Seine Frage lautete vor dem dritten Einsatz:

> o „Was gibst du mir, wenn ich dir noch diesmal das Stroh spinne?"

Nach einigem Hin und her war die Müllerstochter einverstanden, ihre erstgeborene Tochter zu versprechen. Und zwar deswegen, damit Rumpelstilzchen wieder Gold herstellen würde.

So geschah es. Der König heiratet des Müllers Tochter und sie gebar ein Jahr später ein Kind.

Es kam wie es kommen musste. Rumpelstilzchen erschien und verlangte den vereinbarten Preis – das Kind. Die Müllerstochter, inzwischen Königin, war verzweifelt. Rumpelstilzchen unterbreitete ein Angebot: Die Königin dürfte das Kind nur behalten, sollte sie den Namen des (Böse-)Wichts erraten.

Rumpelstilzchen gewährte ihr drei Tage Zeit, seinen Namen zu finden.

Der Wicht freute sich diebisch und tanzte um das Feuer in seiner Höhle. Dabei sang er:

- o „Ach, wie gut ist, dass niemand weiß, dass ich Rumpelstilzchen heiß."

Wie es das Märchen erzählt, hatte ein Bote der Königin zufälligerweise den tanzenden kleinen Mann und dessen Gesang belauschen können. Treu ergeben berichtete er sofort der Königin.

In der dritten Nacht erschien der Wicht. Er fragte die Königin:

- o „Nun, Frau Königin, wie heiß ich?" Da fragte sie erst:

- o „Heißt du Kunz?"

- o „Nein."

- o „Heißt du Heinz?"

- o „Nein."

- o „Heißt du etwa Rumpelstilzchen?"

- o „Das hat dir der Teufel gesagt, das hat dir der Teufel gesagt", schrie das Männlein.

Die ehemalige Müllerstochter und jetzige Königin war mit einem blauen Auge davongekommen. Sehr leichtsinnig, ein ungeborenes Leben zu versprechen …

Am Ende des Märchens stellt sich eine neue Frage. Weshalb musste Rumpelstilzchen wie ein Außenseiter in einer Höhle leben, war ihm doch die Fähigkeit gegeben, aus Stroh Gold herzustellen? Naja, so sind die Märchen.

Egal, wie hübsch die eine oder wie hässlich der andere gewesen sein mag – Vertrag ist Vertrag.

Vorsicht also bei Zusagen aller Art, besonders bei mündlichen. Beide Vertragspartner sollten einen gleichwertigen Vorteil erzielen. Bei Unklarheiten lieber vorher genau nachfragen.

- o „Aber ich habe gedacht …", hilft im Nachhinein nicht, wenn die Gegenleistung erbracht werden muss.

Gezieltes Nachfragen und genaues Zuhören, auch bei Details, vermeiden spätere Unannehmlichkeiten oder zusätzliche Kosten.

Gefährliches Terrain

Heutzutage mag häufiger eine ganz harmlose Frage in Partnerschaften auftreten, die bei Beantwortung ein gefährliches Terrain betritt.

Bettina fragt ihren Freund:

- o „Findest du, das rote Kleid passt für den heutigen Anlass?"
- o „Ja, ich denke schon."
- o „Oder doch lieber das blaue Kleid?"
- o „Ja, das blaue passt auch."
- o „Ist denn nun das rote oder das blaue Kleid schöner?"
- o „Beide sind sehr schön."
- o „Also ist es dir egal, was ich anziehe?"
- o „Nein, natürlich ist es mir nicht egal. Es gefällt mir, wenn du hübsch aussiehst."
- o „Macht mich das blaue Kleid nicht blasser?"
- o „Nein, du siehst in beiden Kleidern gleich aus."
- o „Also glaubst du, ich bin zu blass?"
- o „Das habe ich doch gar nicht gesagt."

Und so weiter, und so weiter.

Es scheint kaum möglich, dass der wohlwollend gestimmte Partner eine Antwort gibt, die nicht zu Irritationen führt.

Nicht hinter jeder wohlwollend gemeinten Antwort oder Frage steckt eine versteckte Kritik.

- o „Wie geht es dir?"

- o „Gut, findest du, ich sehe krank aus?"

- o „Nein, ich meine nur ..."

- o „Du kannst ruhig sagen, wenn dir etwas komisch vor-
  kommt."

- o „Ich wollte doch nur wissen, wie es dir geht!"

Wunder-Fragen

Nicht zu beantwortende Fragen sind die Wunder-Fragen. Nicht, dass der Fragende sich über die Antwort wundern würde. Nein, es handelt sich um etwas, das nicht (auch nicht mit klug gestellten Fragen) beantwortet werden kann.

Die Ur-Ur-Ur-Vorfahren wunderten sich über bestimmte Naturereignisse, die sie nicht erklären konnten. Da sie eine Erklärung brauchten, um stressfrei leben zu können, entwickelten sie in ihrer gedanklichen Welt Götter, die für dies und das zuständig waren.

Nun bedurfte es keiner Erklärung mehr, da ja ‚gewusst' wurde, wer verantwortlich war. Die Vorfahren glaubten diesen Erläuterungen und glaubten an ihre Götter. Sie schienen alle im Einklang mit der Natur.

Auch in der Märchenwelt gibt es viele ‚wundervolle' Handlungen, die ‚einfach so' hingenommen werden und wurden.

Frau Holle (aufgeschrieben von den Brüdern Grimm) ist bekannt dafür, dass sie Kissen schüttelte und es auf der Erde schneite. Niemanden scheint es zu verwundern. Schnee aus dem Kissen? Na, wird schon so sein.

„Tischlein deck dich, Esel streck dich, Knüppel aus dem Sack" lautet es seit Jahrhunderten im gleichnamigen Märchen (ebenso von den Gebrüdern Grimm). Wird der Esel aufgefordert, sich zu strecken, „... lässt [er] Dukaten fallen, dass es rasselte und prasselte."

Keiner wundert sich darüber, dass ein Esel Goldstück ausscheiden kann? Scheint es so naheliegend, solch eine märchenhafte Behauptung zu glauben?

Lassen sich Menschen sonderbare, um nicht zu sagen, wunderbare Märchen aufbinden, ohne Handlungen infrage zu stellen?

Dann ist es wirklich leicht, Menschen Märchen aufzutischen.

Auch in der Neuzeit und in der Realität wundern sich manche.

   o „Das ist ja ein Wunder, dass du dein Zimmer aufgeräumt hast."

Die Mutter staunt nicht schlecht über den plötzlichen Sauberkeitsdrang des Sohns.

   o „Das ist ja ein Wunder, dass die sich geeinigt haben."

Der Bürger staunt über die Einigkeit der Koalition.

Fragen ohne mögliche Antwort

Schließlich gibt es noch die schwerwiegenden Fragen, die tatsächlich niemand korrekt beantworten kann – oder nur mit allen möglichen psychologischen oder philosophischen Erklärungen.

   o „Weshalb können nicht alle in Frieden leben?"

In der Theorie lassen sich bestimmt Variationen finden, die ein friedliches Zusammenleben – überall auf der Welt – erlauben würden. In der Praxis scheint diese Option an der Individualität der Menschen und deren verschieden ausgeprägten Interessen vorbeizugehen.

Fast liegt es nahe, diese Art Frage als sinnlose Frage zu bezeichnen. Es lässt sich keine vernünftige, keine realistische, Antwort finden.

Eine sinnlose Frage wäre:

   o „Weshalb kann ein Quader keine Kugel sein?"

Die letzte Frage könnte als Quatsch angesehen werden. Die erste – die nach dem Weltfrieden – sollte nicht mit Quatsch gleichgesetzt werden, ist sie doch viel zu wichtig. Möglicherweise hilft das Beleuchten der Frage, nicht noch mehr oder stärkere feindliche Auseinandersetzungen beklagen zu müssen.

Käme das Vermeiden, solch eine Frage zu stellen, einer Resignation gleich?

Schweigen

> o „Reden ist Silber, Schweigen ist Gold", so lautet ein altes Sprichwort.

Offenbar gilt das nicht nur für das Reden bei der Informationsvermittlung.

In der Kommunikation gilt, dass zwei Personen, die zusammen sind, ständig miteinander kommunizieren. Kommunikation ist nicht nur gleichzusetzen mit dem hörbaren Austausch von Wörtern. Nicht gesprochene Kommunikation (wie die Körpersprache) nimmt ebenso einen bedeutenden Einfluss.

> o „Wieso kommst du erst jetzt nach Hause?"

Das fragt die besorgte Mutter ihren Filius, der sich deutlich nach der vereinbarten Uhrzeit wieder im eigenen Heim einfindet.

Der Sohn schaut seine Mutter wortlos an und verschwindet in sein Zimmer. Was soll er auch antworten? Egal, was er äußern wird, er wird seine Mutter nicht überzeugen.

Der Kriminalbeamte befragt den Festgenommenen.

> o „Was haben Sie nachts in der geschlossenen Apotheke gesucht?"

Der Angesprochene reagiert nicht. Er schaut den Beamten nur stumm an. Er behält sein Wissen für sich.

Der Pfarrer fordert die Gemeinde auf:

> o „Wenn jemand der Anwesenden etwas gegen diese Verbindung einzuwenden hat, möge er jetzt sprechen oder für immer schweigen."

Wer mag, kann nun einen Einspruch vorbringen. Ob er an der gerade stattfindenden Trauung etwas ändert oder ob nur eine peinliche Situation entsteht, sei dahingestellt.

Kein ‚Ja'

Bei Werbeanrufen kein ‚Ja' antworten, damit dieses nicht als Zusage zu einem Vertragsabschluss gewertet wird. Das gilt für alle Fragen, da eine Ja-Antwort als Auftrag angesehen werden kann.

Versehen oder Vorsatz?

Die Polizeikontrolle stoppt den Autofahrer. Dieser hält an, öffnet das Seitenfenster und wird gefragt:

o „Wissen Sie, weshalb ich Sie angehalten habe?"

Nun gilt es, Ruhe zu bewahren und nicht irgendetwas zu vermuten oder Nicht-Ausgesprochenes einzugestehen. Vielleicht antwortet der Fahrer:

o „Weil ich beim Abbiegen nicht geblinkt habe?"

Das war in diesem Beispiel aber gar nicht der Grund, weshalb er angehalten wurde. Nun hat der Polizist einen Hinweis, auf ein (bisher nicht erkanntes) Fehlverhalten. Es kann sich nachteilig auf den Fahrer auswirken. Oder:

o „Weil ich zu schnell gefahren bin?"

Tatsächlich war der Fahrer zu schnell unterwegs. Die gemachte Aussage kann dem Fahrer als vorsätzliches Verhalten zulasten gelegt werden. Das wirkt sich ebenso nachteilig auf den Fahrer aus.

Das schnelle Fahren war also nicht mehr ein Versehen oder eine Fahrlässigkeit, sondern ein Vorsatz. So kann es sein, dass die Geldbuße verdoppelt wird, da aufgrund des vermuteten Vorsatzes angenommen wird, bewusst oder extra schneller gefahren zu sein.

Vergleichbares kann entstehen, wenn der Chef den Mitarbeiter zum Kritikgespräch bittet.

o „Wissen Sie, weswegen ich Sie hierhergebeten habe?"

Am besten auch in solch einer Situation zuerst verneinen. So müsste der Chef bekanntgeben, was er vorzutragen/vorzuwerfen hat.

In den genannten und vergleichbaren Situationen gilt es, Ruhe zu bewahren und höflich zu bleiben. Noch gibt es keinen Grund aggressiv oder anschuldigend dem Fragenden gegenüber aufzutreten.

Warum-Fragen

Nicht nur Eltern heranwachsender Kinder kennen diese manchmal nervenden Warum-Fragen.

o „Warum muss ich ins Bett?"

o „Damit du schlafen kannst."

o „Warum muss ich schlafen?"

o „Damit du morgen ausgeruht bist."

o „Warum muss ich ausgeschlafen sein?"

o „Damit du im Kindergarten mit deinen Freunden spielen kannst."

o „Warum muss ich …"

Dumme Fragen

o „Es gibt keine dummen Fragen, sondern nur dumme Antworten."

Zumindest heißt es so. Tatsächlich gibt es dumme Fragen.

o „Wie viel wiegt ein Pfund Spargel?"

o „Wie lange dauerte der dreißigjährige Krieg?"

In einer Runde von Freunden wirft einer ein:

o „Ich hab' eine dumme Frage."

o „Ich habe eine bescheidene Frage."

Der Fragende scheint ausdrücken zu wollen, dass es sich sicherlich um eine leicht zu beantwortende Frage handelt. Will er einem möglichen ausgelacht zu werden zuvorkommen, wird die Frage als ‚dumm' bezeichnet?

o „Wieso, weshalb, warum? Wer nicht fragt bleibt dumm."

So lautet seit 1973 eine Aussage in der Sesamstraße.

Also, egal ob eine Frage als dumm erscheinen sollte, kann und sollte sie gestellt werden. Denn: Wer <u>nicht</u> fragt, bleibt dumm. Also: Wer fragt, wird intelligent.

Wording-Effekt

Die Antwort wird beeinflusst durch den sogenannten Wording-Effekt. Damit wird die Formulierung der Frage gemeint.

Scheint es eine lächerliche Frage zu sein, eine ernsthafte, eine, die Konsequenzen nach sich zieht? Entscheidend ist die Wortwahl.

Stellt eine Autorität eine Frage, wird ihr eher zugestimmt.

> o „Sind Sie gewillt, bei möglicherweise erhöhter Nachfrage auch am Wochenende zu arbeiten?"

Viele durch die Autorität gefragte Personen würden höchstwahrscheinlich mit ‚Ja' antworten, zumal die ‚erhöhte Nachfrage' offensichtlich noch nicht ‚droht'.

Würde die Frage von einem Praktikanten im Auftrag des Chefs gestellt (eventuell auch anonymisiert) würden sich wahrscheinlich mehr durch ein ‚Nein' entziehen oder die Frage ‚unentschieden' beantworten.

Arzt zum Patienten:

> o „Wann haben Sie das letzte Mal ...?"

Der Autorität-Person Arzt werden auch unangenehme oder intime Dinge erzählt.

Mitte-Tendenz

Fragebögen, auf denen eine ungerade Zahl von Antwortfeldern eingegeben ist, verleiten dazu, in der Mitte angekreuzt zu werden.

> o „Wie bewerten Sie die Gestaltung?"

ausdrucks-stark						ausdrucks-los

Bei einer geraden Zahl der Felder, muss sich entweder Richtung hier oder dort entschieden werden. Das Feld für ‚unentschieden' gibt es nicht.

ausdrucks-stark					ausdrucks-los

Der Mensch neigt dazu, Extremwerte zu vermeiden und sich eher in der Mitte zu bewegen. Das hängt einerseits mit der Konformität zusammen, andererseits mit der Überlegung, dass die Mitte sicher ist und kein Risiko eingegangen wird.

Gibt es die Alternative A oder B, muss sich tatsächlich entschieden werden. Je nach Charakter wird nun die Entscheidung getroffen. Steht in einem Regal eine Flasche Wein für 7,90 Euro und daneben eine für 11,90 Euro, mag die Entscheidung bei allen Kunden halbe-halbe ausfallen.

Halbe-halbe bedeutet, pro gekaufter Flasche, demnach ein Durchschnittsbetrag von 9,90 Euro.

Wenn der Verkäufer eine weitere Flasche mit dem Verkaufspreis von Euro 13,90 danebenstellt, werden sich die meisten Kunden für das mittlere Produkt entscheiden. Das Günstigste muss nicht unbedingt das Beste sein, das Teuerste muss auch nicht gewählt werden. Also dann die Mitte.

Der Durchschnittsbetrag aller verkauften Flaschen beläuft sich nun auf 11,90 Euro. 2 Euro mehr als im Beispiel davor. Die teurere Flasche muss also überhaupt nicht zum Verkauf kommen. Ausschlaggebend ist lediglich, dass sie neben den beiden anderen steht.

Soziale Erwünschtheit

Wer von der Meinung der Mehrheit abweicht, hält sich – je nach Ausprägung des Selbstbewusstseins – eher zurück, seine Auffassung kundzutun. Er möchte nicht als Außenseiter oder Querulant gesehen werden.

Je nachdem, wann, wo und von wem möglicherweise in Anwesenheit Dritter gefragt wird, erhält der Interviewer unterschiedliche Ergebnisse. Die Gesamtheit der Antworten kann gar nicht ehrlich sein.

In einer Gruppe Gleichgesinnter vertritt er seine Meinung. Die Gruppe macht stark. Auch bei anonymisierter Umfrage ist er leichter dazu geneigt, ehrlich zu antworten.

Inquisition

Wie weiter oben beschrieben, wurde zu Zeiten der Inquisition der Andersgläubige gesucht, gefoltert und zum Tode verurteilt. Er wurde so lange befragt, bedroht und unter Gewalteinsatz aufgefordert zu gestehen, was ihm vorgeworfen wurde.

Erfolgt in einem Gespräch eine Befragung, die den Befragten zu sehr ‚in die Ecke' drängt, wird manchmal von inquisitorischen Fragen gesprochen.

- o „Du warst am Samstag im Club?"
- o „Ja."
- o „Mit wem?"
- o „Mit meinen drei Freunden."
- o „Wer ist gefahren?"
- o „Einer der drei."
- o „Habt ihr getanzt oder nur getrunken?"
- o „Auch getanzt"
- o „Also auch viel getrunken?"
- o „Ja."
- o „Sehr viel?"
- o „Ich glaube ja."
- o „Glaubst du oder weißt du?"
- o „Ich weiß."
- o „Also warst du betrunken?"
- o „Ja."

Angst auslösen

Hat der Befragte Angst, etwas von sich preiszugeben, sodass ihm später ein Nachteil entstehen könnte, wird er anders antworten, als es der Wahrheit entsprechen mag.

Eine Befragung im Beisein des Vorgesetzten des Befragten könnte solch eine Situation sein. Auch die Angst, den Arbeitsplatz zu verlieren, gehört hierzu.

Selbstverständlich kann gerade die Situation – wissentlich unfair – gezielt eingesetzt werden.

Der Kaiser wollte sich mit neuen Kleidern eindecken. Er traf auf windige Schneider, die ihm vormachten, feinste Stoffe zu verarbeiten, die nur intelligente Menschen sehen könnten. Tatsächlich gab es gar keinen Stoff. Die Schneider waren Betrüger und gaukelten die Ware nur vor.

Der Kaiser schickt einen seiner Minister zu den Schneidern, um die – angeblich – im Herstellungsprozess befindliche Kleidung zu begutachten. Der Minister ist vor Ort. Er sieht – nichts. Das kann er natürlich nicht zugeben. Er äußert:

- „Herr Gott, soll ich dumm sein?"

- „Nein, es geht nicht an, dass erzählt wird, ich könne das Zeug nicht sehen."

Also lügt er den Kaiser an und behauptet, den wunderbaren Stoff gesehen zu haben.

Nun besucht der Kaiser die Schneider und lässt sich die vermeintliche Kleidung zeigen. Was sieht er? Nichts. Der Kaiser denkt:

- „Was? Bin ich dumm? Tauge ich nicht dazu, Kaiser zu sein?"

Es wird falsch geantwortet, um sich selbst nicht zu blamieren.

In jeglicher Kommunikation tauchen immer mal Missverständnisse, Fehldeutungen oder Fehlinterpretationen auf. Es werden unangenehme Gefühle ausgelöst. Jemand fühlt sich ertappt, überlistet, brüskiert.

Kaum einer will als unwissentlich oder gar als dumm angesehen werden, findet er die passende Antwort nicht.

Die Kommunikation läuft sozusagen auf verschiedenen Ebenen, die nicht nur das Fachliche betreffen, sondern auch das Persönliche berühren können.

Kein Wunder, wenn deshalb in Antworten geflunkert oder gar gelogen wird, nur um sein eigenes Image nicht zu gefährden.

Wer entsprechendes Selbstbewusstsein hat zögert nicht, Zweifelhaftes oder Unklares in der Fragestellung zu entlarven, bevor etwas nicht Vorhandenes ‚gesehen' wird.

Epilog

... und wenn sie nicht gestorben sind ...

„Nur das Märchen nimmt einen sich gleichbleibenden Zustand für Glück."
Jacob Christoph Burkhardt, schweiz. Humanist
(1818 - 1897)

... dann leben sie noch heute

Liebe Leserin, lieber Leser, die Figuren im Märchen sind unsterblich, so wie die Märchen auch schon Jahrhunderte überlebten. Märchenhaftes ist (fast) untrennbar ins reale Leben verwoben.

Manchmal sind die Geschehnisse so undurchsichtig, dass sich das Bild eines dichten Märchenwaldes aufdrängt.

Vielartige Fragen helfen, sich durch den Wald durchzufragen, um den erfolgreichen Weg zum Ziel zu finden.

Problemlos lässt sich solch eine Vorstellung auf das tägliche Leben übertragen. Die Antworten auf immer wieder auftretende Fragen führen zur Erkenntnis, zum klaren Sehen, zum Erkennen des eingeschlagenen Wegs.

So soll es Ihnen möglich sein, hinterlistige, suggestive und taktische Fragen zu entlarven und in Ihrem Sinne sinnvoll zu beantworten.

Guten Erfolg beim täglichen Frage-Antwort-Spiel.

Horst Hanisch

Knigge als Synonym und als Namensgeber

Umgang mit Menschen

Das Böse lauert im Märchen

Die Märchen aus ‚grauer' Vorzeit zeigen, wie der ‚einfache' Mensch gegen die übergroßen Kräfte des Bösen kämpfen musste.

Im Märchen erscheinen durchtriebene Feen, böse Stiefmütter (Entschuldigung an die lieben Stiefmütter), ja sogar der Teufel tritt hin und wieder persönlich auf.

Wie schlimm und unsicher muss die Welt der Vorfahren gewesen sein, mussten sie sich doch ständig gegen Verlockung, Neid und Intrigen wehren.

Adolph Freiherr Knigge

Adolph Freiherr Knigge (1752 – 1796) beobachtete den zwischenmenschlichen Umgang. Er veröffentlichte gut gemeinte Tipps, um das Zusammenleben harmonisch(er) ablaufen zu lassen.

Schon zu seinen Lebzeiten war er bei vielen Zeitgenossen umstritten. Knigge setzte sich durch sein energisches Eintreten für die Ziele der Aufklärung, so wie er sie verstand, scharfen Angriffen aus. Er arbeitete als Romanschriftsteller und Satiriker, sowie als politischer Schriftsteller. Er gehörte den Freimaurern an.

Heute ist Knigge vor allem durch sein Buch ‚Über den Umgang mit Menschen' (1788) bekannt. Und zwar deswegen, weil sein Werk als Etikette-Buch angesehen wird. Knigge verdankt seinen heutigen Ruf und Erfolg aber einem Missverständnis. Denn: Das Werk Adolph Freiherr Knigges gilt als Etikette-Buch ersten Ranges.

Allerdings beschreibt Knigge keine Regeln wie mit Besteck umzugehen ist, oder das Verhalten bei Tisch, stattdessen offenbart er eine praktische Lebensphilosophie im Umgang mit Mitmenschen.

Er gibt Anleitungen und Anregungen, wie mit seinen Mitmenschen zwischenmenschlich harmonisch und ‚richtig' umzugehen ist. Knigge hoffte damit, dass die Menschen glücklich und froh miteinander leben könnten.

Sein Buch erschien 1788 und war schon nach kurzer Zeit in fast allen Haushalten zu finden. Über 200 Jahre lang prägte sich sein Buch im Bewusstsein der Leser als praktisches Handbuch über gutes Benehmen ein. In drei Teilen seines Buchs hat Knigge über den Umgang mit verschiedenen Menschengruppen geschrieben, zum Beispiel:

Über den Umgang mit Leuten von verschiedenen Gemütsarten, Temperamenten und Stimmungen des Geistes und des Herzens (Erster Teil, 3. Kapitel).

Über das Verhältnis zwischen Wohltätern und denen, welche Wohltaten empfangen, wie auch unter Lehrern und Schülern, Gläubigern und Schuldnern (Zweiter Teil, 10. Kapitel).

Über den Umgang mit den Großen der Erde, mit Fürsten, Vornehmen und Reichen (Dritter Teil, 1. Kapitel).

Obwohl es heute klar ist, dass Knigge anderes verfolgte, als heutzutage unter seinem Namen verstanden wird, soll ‚Knigge' als Synonym für den Bereich stehen, dem sich das vorliegende Buch widmet.

Wie könnte in der Gesellschaft ein vernünftiger Umgang untereinander und das soziale Miteinander ohne gegenseitiges Verstehen funktionieren? Der Wunsch nach mehr Respekt, gegenseitiger Wertschätzung und harmonisch zwischenmenschlichem Umgang ist deutlich angesagt.

Listige Realität

Trotz aller Bemühungen ist es nach wie vor nicht gelungen, das Hinterhältige, Egoistische oder Rücksichtslose in der menschlichen Gesellschaft verschwinden zu lassen.

Im Gegenteil: Immer häufiger wird von zunehmendem, verständnislosem und aggressivem Verhalten anderen gegenüber berichtet.

Selbst im beruflichen Miteinander bleiben diese Listigkeiten und Hinterhältigkeit gegenüber Kollegen und Kolleginnen, Kunden und Kundinnen, sowie Vorgesetzten und Mitarbeitenden nicht aus.

Es entpuppt sich als Märchen anzunehmen, dass jegliches Lächeln als Freundlichkeit zu deuten ist.

Dieser Ratgeber soll helfen, die Märchen des vorgespielten harmonischen Miteinanders zu entlarven.

Die ‚echten' Absichten sollen erkannt werden. Somit soll es der Leserin und dem Leser Unterstützung an die Hand geben, rhetorische Tricks zu durchschauen und sich dagegen wappnen zu können.

Knigge erzählte keine Märchen. Er ließ Leser und Leserinnen am tatsächlichen und gewünschten gesellschaftlichen und beruflichen Miteinander teilnehmen. Das soll mit diesem Ratgeber ebenso erfolgen.

So sei Knigge mit seinen Überlegungen zum besseren Zusammenleben gewürdigt.

Stichwortverzeichnis

Ratgeber im kompakten 12x19-Format

Der kleine ... -Knigge [2100]

Anstands- und Banausen-...
Business- und Kunden-...
Büro- und Kollegen-...
Gäste- und Gastgeber-...
Gesellschafts- und Freunde-...
Outfit- und Stil-...
Interkulturelle- und
Auslands-...
Bewerbungs- und
Vorstellungs-...
Event- und Feste-...
Gastro- und Tischsitten-...
Speisen- und Exoten-...
Trinkkultur- und Getränke-...

Das kleine Handbuch
der Rhetorik [2100]

Erfolgreich reden
Körpersprache einsetzen
Vorträge trainieren
Nervosität austricksen
Begeistert überzeugen
Unterschwellig manipulieren
Wahrnehmung verzerren
Einwände entkräften
Gespräche führen
Meetings leiten
Geschicktes Nudging
Interviews führen

Das Märchen der ...
professionellen Argumentation
harmlosen Fragen
sauberen Wahrheit
vertrauenswürdigen Fairness
... in der Rhetorik [2100]

Ratgeber-Reihe

Ego-Knigge 2100
Persönlichkeits-Management
Stress-Management
Zeit-Management
Gedächtnis-Management

Lebenseinstellung
Aberglauben-Knigge 2100
Lügen- und Egoismus-
Knigge 2100
Glücks-Knigge 2100
Angst- und Optimismus-
Knigge 2100

Bräutigam, Braut, Brautpaar
Bräutigam-Knigge 2100
Braut-Knigge 2100
Brautpaar-Knigge 2100

Selbst-Coaching
Selbstbewusstsein Knigge 2100
Selbstwertgefühl Knigge 2100
Selbstoptimierung Knigge 2100

Bewerbungs-Knigge 2100
Für Frauen – Tina bewirbt sich
Für Männer – Tom bewirbt
Tina und Tom bewerben sich digital

Kreativität und Team
Kreativitäts-Knigge 2100
Team- und Typ-Knigge 2100
Generation X und Y
Die flotte Generation Y im
21. Jahrhundert
Die aktive Generation Z im
21. Jahrhundert

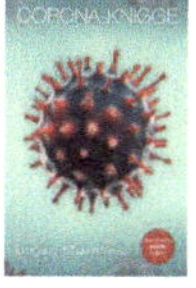

Ratgeber 12x19-Format
Das kleine Knigge-Quiz 2100
Corona-Knigge 2100

Leben und Lifestyle

Adam allein auf der Welt Knigge [2100]
Jugend-Knigge [2100]
Zukunfts-Knigge [2100]
KI-Knigge [2100]
Wertschätzung-Knigge [2100]
Hochzeits-Knigge [2100]
Ü65- und Senioren-Knigge [2100]
Blumen-Knigge [2100]
Bekleidung! Ausdruck der Persönlich-
keit –   Lukas' Outfit-Knigge [2100]
Nudel-Knigge [2100]
Der Interkulturelle Kompetenz-Knigge [2100]

China-Deutschland-Knigge [2100]
Dschungel-Knigge [2100]
Von alles guten Geistern verlassen-
Knigge [2100]

Der Dicke-Knigge [2100]
Typisch Frau – Typisch Mann Knigge [2100]

Kulinarischer und Gastronomischer
Knigge [2100]
Klo- und Pinkel-Knigge [2100]
Omi hüpf' mal
Der Hunde-Knigge [2100]
Welcome to Germany-Knigge [2100]
Besuch willkommen Knigge [2100]
Last List Leid [2100]
Mensch Macht Mörder [2100]
Tod, Trauer, Totenkult-Knigge [2100]

Rhetorik, Soft Skills, Hochschule, Beruf

Englisch:

Rhetorik ist Silber

Moderation ist Gold

Lebhafte Körpersprache

Rhetoric – Mastering the Art of Persuasion

Discussion – Mastering the Skills of Moderation

Body Language in Europe

Das große Buch der Kommunikation und der Gesprächsführung [2100]

Das große Buch der Rhetorik [2100]

Trickreiche Rhetorik [2100]

Körpersprache [2100] – Lüge, Verrat, Macht

Soft Skills-Knigge [2100]

Die moderne Führungskraft [2100]

Schlagfertigkeit-, Spontaneität-, Stegreif-Knigge [2100]

Pitch Skills und Überzeugungs-Knigge [2100]

Smalltalk-Knigge [2100]

Quassel-Knigge [2100]

Studenten- und Hochschul-Knigge [2100]

Jugend-Karriere-Knigge [2100]

Emotionale Rhetorik im Leben und rund um den Tod [2100]

Innere Rhetorik [2100]

Kriegerische Rhetorik [2100]

Blumige Rhetorik [2100]

Tele-Meeting [2100]

Alles hat seine Zeit – Knigge [2100]

Beratung, Coaching, Seminar

Wer hat nicht gerne mit Menschen zu tun, die selbstbewusst und selbstsicher mit anderen Menschen umgehen?
Geschäftspartnern, die die elementaren Regeln des ‚Be-
nimms' beherrschen, stehen die Türen zum Erfolg offen.
Unternehmen, die neben ihrer fachlichen Leistung auch ‚menschlich' überzeugen wollen, bieten wir für ihre Mitarbeiterinnen und Mitarbeiter aktives
Training im Umgang mit Kunden, Gästen, Kollegen und Gesprächspartnern
an.

Auf unserer Website informieren wir Sie über unsere Angebote:

- Firmen-Internes-Training
- → Business-Etikette und das Lehr-
  menü
- → Präsentieren, Moderieren, Kommunizieren
- → Körpersprache und ihre Ge-
  heimnisse
- → Teuflische Rhetorik und das Erkennen manipulativer Aspekte
- → Flottes Reden vor und zu anderen
- → Der erste entscheidende Eindruck

Interkulturelles Training

- Intensiv-Training für
- → TV-Auftritte
- → Vorträge
- → Präsentationen
- → Reden
- Fachliteratur und journalistische
  Beiträge
- Vorträge/Speaker
- → Vor kleinem und vor großem
  Publikum
- Workshops
- → Soft Skills

Team-Training

Individuelles Coaching für Einzelpersonen: Wer es ganz individuell mag,
greift zurück auf ein Einzel-Coaching, auch als Online-Coaching. Hier werden ganz persönliche Herausforderungen angegangen, mit Themen wie:

- → Erscheinungsbild – Der Erste
  Eindruck
- → Selbstsicheres und authenti-
  sches Auftreten
- → Persönlichkeitsentfaltung
- → Bewerbungstraining

Rhetorik und Überzeugungskraft

- → Erfolgreiche Verhandlungsfüh-
  rung
- → Kommunikation und Konfliktbe-
  wältigung
- → Präsentations-Techniken und
  Moderation

Interkulturelle Kompetenz

und andere Themen – direkt auf die besonderen Bedürfnisse des Einzelnen
zugeschnitten. Besuchen Sie uns auf www.knigge-seminare.de